携帯版 Q文書

山田耕太
Yamada Kouta

ヨベル新書
095

YOBEL,Inc.

はじめに

新約聖書でイエスの生涯や教えを記した冒頭の四つの文書は「福音書」（良い知らせの書）と呼ばれている。その中で、マタイ・マルコ・ルカの名前が記された最初の三つの福音書は、一八世紀から研究者が互いに関連する箇所を共に並べてよく観て研究したことから、「共観福音書」と呼ばれている。

一八世紀に歴史学の手法を取り入れて新約学が成立し、三福音書の中で最も短いマルコ福音書が最も古い福音書であることが明らかにされた。また一九世紀にマタイとルカの福音書は共通の資料を用いていることが明らかにされ、それを「Q」（ドイツ語の「資料〔Quelle〕」の頭文字）と呼ぶようになった。しかし、二〇世紀半ばに死海写本と並んで重要な写本群がエジプトのナグ・ハマディで発見された。その中で二世紀後半に書かれたと思われるトマス福音書の原本は、百十四の語録で構成されているが、そのうちの四割程の箇所がQ資料と重なり、Qはもはや一九世紀や二〇世紀に考えられていた口頭伝承や資料という仮説ではなく、イエスの言葉集を記した文書として存在していたことが確実になった。

二〇世紀初頭からＱの復元がいろいろと試みられてきたが、国際Ｑプロジェクト（ＩＱＰ :the International Q Project）が立ち上げられ、一九九〇年代に膨大なエネルギーを注いで研究が進められた。その成果の一つとしてＱのテキスト「ＩＱＰテキスト」を復元することができた。そして、二〇〇〇年には国際Ｑプロジェクトのリーダーであるアメリカのジェームズ・Ｍ・ロビンソン、カナダのジョン・クロッペンボルグ、ドイツのパウル・ホフマンの三人がＩＱＰテキストを批判的に吟味して、Ｑ復元の決定版とも言うべき、Ｑ批評版（the Critical Edition of Q）を出版した。

ヨーロッパや北米では既に二十年以上も前から、Ｑ批評版のギリシア語テキストとそれぞれの国で英訳、独訳、仏訳付きで、日本の新書版のように廉価で身近にテキストに接することができる。しかし、日本では未だにＱテキスト復元の決定版が出版されていることを知らない人が、一般市民ばかりでなく、キリスト者やキリスト教研究者の間でも残念ながら極めて多い。

筆者は既に、ＩＱＰテキストとＱ批評版の両方を見比べつつ、極めて些細な点でＱ批評版を若干修正した上で、ギリシア語と日本語との対訳を中心にして『Ｑ文書――訳文とテキスト・注解・修辞学的研究』（教文館、二〇一八年）という専門書を出版した（ＩＱＰテキストならびにＱ

批評版と本書のテキストとの若干の異同については、拙著『Q文書』一五一一九頁、参照)。

しかし、日本聖書学研究所の二〇二三年六月例会にオンラインで参加して、日本でも学生が手にすることができるようなQ批評版の廉価な携帯版が必要なことを痛感した。その例会にオンラインで参加していたヨベル社長の安田正人氏の熱心なお薦めがなければ本書は実現しなかった。本書の出版を迅速に進めてくださった安田正人氏をはじめヨベルの皆さんに、この場をお借りして心から感謝を申し上げます。この小書を通して、日本でのQ文書への理解とそれに端を発するイエスへの理解が、なお一層広まると同時に深まっていくことを心から願っています。それではイエスの言葉伝承の最古層への探求を始めていきましょう。

目次

Q文書の研究史 121

イエス研究史 139

Q文書の文学的・社会学的・神学的特徴

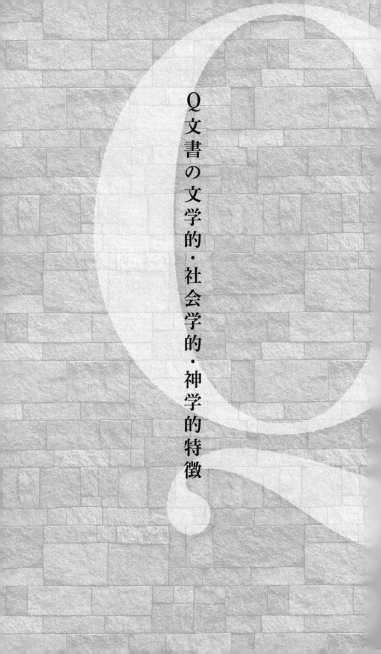

1　Q文書の構成内容

Q文書は、五四の断片（ペリコーペ）で構成されている。その内容から大きく五つのブロックに分かれ、さらにそれらのブロックは複数のいくつかの小段落に分かれて、以下のように比較的に秩序だったまとまりとして構成されている（Qの章節は、慣例によりオリジナル版に近いルカ福音書の章節を用いる。語録の通し番号、ならびにブロック分けと大見出し、中見出し、小見出しは、内容から判断して著者が付けたものである）。

Ⅰ　洗礼者ヨハネとイエスの説教（Q三・二b—七・三五）

（1）洗礼者ヨハネの説教
（2）イエスの誘惑物語
（3）イエスの宣教開始説教（野の説教・山上の説教）
（4）百人隊長の子の癒し物語
（5）洗礼者ヨハネ称賛の説教

（1）弟子たること
（2）弟子の信仰と生活倫理
（3）終末に関する説教

2　Q文書の文学的特徴

Q文書には四福音書を特徴づける結びの受難物語も復活物語もない。マタイ福音書とルカ福音書を印象づける冒頭の誕生物語もない。また、マルコ福音書を特徴づける奇跡物語も一つも見られない。それに対してQ文書を際立たせるのは、**イエスの言葉集**である。

それは**第一に「説教」**として語られる言葉である。すなわち、第一ブロックの「洗礼者ヨハネの悔い改めの説教」（Q三・二b－三a、七－九、一六b－一七）、「イエスの宣教開始の説教（ルカ版「野の説教」とマタイ版「山上の説教」の原型）」（Q六・二〇－二三、二七－三二、三四－四九）、「洗礼者ヨハネ称賛の説教」（Q七・一八－一九、二二－二八、三一－三五）、第二ブロックの「弟子派遣の説教」（Q一〇・二－一二、一三－一六、二一－二四）、第四ブロックの「思い煩いに関する説教」（Q一二・二二－三一）、第五ブロックの「終末に関する説教」（Q一七・二〇－二一、二三－

二四、三七、二六－二七、三〇、三四－三五）である。Q文書は、「洗礼者ヨハネの悔い改めの説教」から始まり「イエスの終末に関する説教」で終わり、その間にイエスの教えが展開していくのが、Q文書の大きな筋道である。

それはやがてマタイ福音書で「イエスはこれらのことを語り終えると……」（マタ七・二八、11・1、一三・五三、一九・一、二六・一）という言葉で結ぶ「山上の説教」（五－七章）、「弟子派遣の説教」（一〇章）、「譬えによる説教」（一三章）、「共同体についての説教」（一八章）、「終末の裁きについての説教」（二四－二五章）という五大説教へと発展していく。

第二に、既に「説教」の中で見られる「**幸いの言葉**」と「**災いの言葉**」である。「宣教開始の説教」では弟子たちに対して「幸いである」（Q六・二〇、二一、二二）と語り、「洗礼者ヨハネ称賛の説教」でも躓かない人に対して「幸いである」（Q七・二三）と語り、「弟子派遣の説教」でも目撃証人に対しても「幸いである」（Q一〇・二三）と語る。また、それとは対照的に「弟子派遣の説教」では悔い改めないガリラヤの町に対して「災いである」（Q一〇・一三－一五）と語り、それはイエスに反対する「ファリサイ派・律法学者に対する災いの言葉」（Q一一・四二、三九、四一、四三－四四、四六－五二、四七－四八）へと拡大され、また多少言葉を変えて「エルサレムに対する非難の言葉」（Q一三・三四－三五）として展開していく。

第三に「譬え・譬え話」である。イエスは説得方法の一つとして「譬え・譬え話」を用いたことはよく知られている。本書では単純で短い比喩を「譬え」とし、人物などが登場してやや複雑で長い比喩を「譬え話」として表記する。これも既に「宣教開始の説教」では三つの「譬え・譬え話」（Q六・四三－四四、四五、四七－四九）を語って結び、「洗礼者ヨハネ称賛の説教」でも一つの「譬え」（Q七・三一－三五）を用いて話を結ぶ。しかし、これらを除くと、Q文書の第四ブロック「真の共同体について」では、「天に宝を蓄える譬え」（Q一二・三三－三四）、「家の主人と盗人の譬え」（Q一二・三九－四〇）、「忠実な僕と不忠実な僕の譬え話」（Q一二・四二－四六）、「時のしるしの譬え」（Q一二・五四－五六）、「からし種の譬えとパン種の譬え」（Q一三・一八－一九、二〇－二一）、「狭い門から入る譬え」（Q一三・二四、二三、二五－二七）、「東から西から来る人々の宴会の譬え」（Q一三・二九、二八）と八つの譬え・譬え話が集められている。続いて、第五ブロック「弟子の生活」では、「大宴会の譬え話」（Q一四・一六－一七、二一、二三）、「塩気を失くした塩の譬え」（Q一四・三四－三五）、「失われた羊の譬え」（Q一五・四－五、七）、「ムナの譬え話」（Q一九・一二－一三、一五－二四、二六）の四つの「譬え・譬え話」が集められている。

　それはマルコ福音書四章（マタイ一三章、ルカ八章・一五章）で、「譬え・譬え話」が集められているのと同じである。共観福音書では四二種類の譬え・譬え話が語られるが、その約四割の一六種類の「譬え・譬え話」がQ文書に由来するのである。

第四に、問答などを導入にして著名な人物のエピソードや行為を短く描く「**クレイア**（すなわち**簡潔なエピソード**）」も、Q文書でも多少見られる。第一ブロックでは「イエスの誘惑物語」（Q四・一―四、九―一二、五―八、一三）と「百人隊長の子の癒し物語」（Q七・一、三、六―九）、第三ブロックでは「ベルゼブル論争物語」（Q一一・一四―一五、一七―二〇、二三）、合わせて三か所である。マルコ福音書全体がクレイア集として特色が見られ、共観福音書はおびただしい奇跡物語・論争物語ならびに受難物語・復活物語のクレイア集で構成されているのとは、極めて対照的である。

3　Q文書の社会学的特徴

Q文書がいつ、どこで、だれによって書かれたかについては、詳しくはわからない。ただマタイ福音書が書かれた紀元八〇年代、ルカ福音書と使徒言行録で構成されるルカ文書が書かれた紀元九〇年代より以前であることは明らかである。また、共観福音書の中で最も古いマルコ福音書が書かれた紀元六〇年代末よりも古いことも確実である。パレスティナでユダヤ人とローマ帝国が戦ってローマ帝国が圧倒的な勝利を収めた第一次パレスティナ戦争（紀元六六―七〇年）

の記述が、マルコ福音書を始め三つの共観福音書に見られるのとは対照的に、Q文書にはそれが全く見られない。また、マルコ福音書よりも古いと思われることは、共観福音書に特徴的な受難物語や復活物語もなく、前段で述べた文学的特徴からも明らかである。

Q文書がどこで書かれたかは不明であるが、Q文書に出てくる地名は、「ヨルダン川」（三・三）、「ナザレ」（四・一六）、「カファルナウム」（七・一、一〇・一五）、「コラジン、ベッサイダ」（一〇・一三）、「ツロ、シドン」（一〇・一三、一四）といずれも**ガリラヤ地方とその周辺**のみである。エルサレムを除くとユダヤ地方は全く出てこない。おそらくガリラヤ辺りで書かれたのではないかと思われる。

Q文書を誰が書いたのかは、ガリラヤ地方かその周辺のイエスに従う人々の一員であったことは確かである。また、既にゲルト・タイセンが社会学的な視点から指摘したように、「ガリラヤ地方を歩き回るカリスマ的な宣教者」（Q一〇・二―一二）であったと思われる。彼らは「定まった住いはなく」（Q九・五八）、「家族とも離れ」（Q九・六〇、一二・五一、五三、一四・二六）、「私的な所有を拒み」（Q六・二〇―二一、一二・二二b―三一、一六・一三）、愛敵の教え（Q六・二七―二八、三六）に見られるように、暴力を用いることを拒む人々であった。

タイセンはQ文書が紀元四〇年代に書かれたと想定している。Q文書が書かれた年代については、ユダヤ戦争以前の四〇年代から六〇年代まで諸説あるが、いずれにせよ、Q文書がマルコ福音書以前に書かれた最初期のキリスト教の姿を記録している貴重な文書であることには変わりがない。

4　Q文書の神学的特徴

Q文書の神学的特徴を示すのに、一九八〇年代末から一九九〇年代にかけてQ文書の編集過程での古層をめぐって、Q文書は「預言の言葉」（佐藤研）か「知恵の言葉」（J・M・ロビンソン、J・クロッペンボルグ）か論争された。しかし、クロッペンボルグのQ文書の伝承過程を三層に分ける説は、一見すると厳密なようであるが極めて恣意的である。要するにQ文書全体に預言書的要素と知恵文学的要素が見られるのである。

Q文書では、「**イエス**」（四・一、四、八、一二、七・九、九、五八）という固有名詞の他に、「**来たるべき方**」（Q三・一六、七・一九、一三・三五）、「**人の子**」（Q六・二二、七・三四、九・五八、一一・三〇、一二・八、一〇、四〇、一七・二四、二六、三〇）というメシア称号が用いられる。「**神の子**」（Q四・三、九）という称号は誘惑物語でのみ用いられる。「**主**」という言葉は「主なる神」を指す言葉として用いられるが（Q四・八、一二、一〇・二、三一、一三・三五）、イエスに対しては「主よ」（Q六・四六［2回］、七・六、九・五四）という呼びかけのみで用いる。Q文書ではマタイ福音書に特徴的な「ダビデの子」も、四福音書やパウロ書簡などで多用される「キリスト」も用いない。

イエスの中心思想は「**神の国**」である。それは「貧しい人々」のものである（Q六・二〇－二三）。イエスは一方では「神の国は近づいた」（Q一〇・九）と述べて、洗礼者ヨハネの徹底した終末論と悔い改めの思想（Q三・七－九、一六）を受け継いだ。他方では、洗礼者ヨハネとは異なり、「神の国」が「目に見えない形で」（Q一七・二〇、二一）既に到来しており（Q一三・一八、二〇）、人々が「力を尽くして入ろうとしている」（Q一六・一六）。そこでは、正義に基づいた「裁き」ではなく、赦しに基づいた「愛の精神」が支配し、それを徹底させた「愛敵についての教え」（Q六・二七－三二、三四－三六）に特徴がある。以上と関連して、またQ文書全体が「洗礼者ヨハネの悔い改めの説教」から始まり、「イエスの終末に関する説教」で終わることに象徴されるように、Q文書を特徴づけているのは、終末論的な思考である。

凡例［Q文書オリジナル（ギリシア語）テキストと日本語訳］

・訳文の〔　〕、ギリシア語テキストの〚　〛は、やや根拠が弱い部分である。

・訳文の……、ギリシア語テキストの … は、未定の部分である。

・訳文の〈　〉、ギリシア語テキストの < > は、マタイ福音書からでもなく、ルカ福音書からでもなく、仮説として扱われる部分である。

・訳文の《　》、ギリシア語テキストの « » は、マタイ福音書かルカ福音書のどちらか一方にしか存在しない部分である。

・訳文の（　）は、訳者が言葉を補った部分で、フォントを小さくしている。

・訳文のゴチック体、ギリシア語のイタリック体は、旧約聖書の引用個所である。

・旧約聖書の引用箇所で、LXX は 70 人訳聖書の該当箇所を示す。

・Q文書の章節は、慣例に従ってルカ福音書の章節による。

Q文書オリジナル（ギリシア語）テキストと日本語対訳

I　洗礼者ヨハネとイエスの説教

（1）洗礼者ヨハネの説教

Q 1　洗礼者ヨハネの悔い改めの説教

（Q3:2b-3a, 7-9, 16-17）

2b 〈……〉ヨハネは…

3a 〈……〉ヨルダン川の周辺地方すべてで〈……〉。

7a 洗礼を〔受けるために〕〔来〕た〔群衆に対して〕〔言った〕。

b 「蝮の末裔たちよ、

c 誰が差し迫った御怒りから逃れられるとあなたがたに示したのか。

8a むしろ悔い改めにふさわしい実を結べ。

b 私たちの父祖にはアブラハムがいると、独り言を言おうと思ってもみるな。

c というのは、私はあなたがたに言う。
神はこのような石ころからでさえも、アブラハムの子孫を起こすことができるからだ。

9a だが、斧は既に木の根元に置かれている。

b 良い実を結ばない木はすべて、切り倒されて火に投げ入れられる。

16b 私はあなたがたに水〔で〕洗礼を授ける。

c だが、私の後に来たるべき方は私よりも強い。

d 私はその方の履物（サンダル）を〔持ち運ぶ〕のにも値しない。

e その方こそ、あなたがたに〔聖なる〕霊と火で洗礼を授けるであろう。

I　洗礼者ヨハネとイエスの説教

（1）洗礼者ヨハネの説教

Q 1　洗礼者ヨハネの悔い改めの説教

（Q 3:2b-3a, 7-9, 16b-17）

2b　<...> Ἰωάννη...
3a　<...> πᾶσα..η.. περίχωρο... τοῦ Ἰορδάνου <...>.
7a　⟦εἶπεν⟧ τοῖς ⟦ἐρχ⟧ομένο<ι>ς ⟦ὄχλοις⟧ βαπτις⟦θῆναι⟧·

b　γεννήματα ἐχιδνῶν,
c　τίς ὑπέδειξεν ὑμῖν φυγεῖν ἀπὸ τῆς μελλούσης ὀργῆς;

8a　ποιήσατε οὖν καρπὸν ἄξιον τῆς μετανοίας
b　καὶ μὴ δόξητε λέγειν ἐν ἑαυτοῖς· πατέρα ἔχομεν τὸν Ἀβραάμ.
c　λέγω γὰρ ὑμῖν ὅτι δύναται ὁ θεὸς ἐκ τῶν λίθων τούτων ἐγεῖραι τέκνα τῷ Ἀβραάμ.

9a　ἤδη δὲ ἡ ἀξίνη πρὸς τὴν ῥίζαν τῶν δένδρων κεῖται·
b　πᾶν οὖν δένδρον μὴ ποιοῦν καρπὸν καλὸν ἐκκόπτεται καὶ εἰς πῦρ βάλλεται.
16b　ἐγὼ μὲν ὑμᾶς βαπτίζω⟦ἐν⟧ὕδατι,
c　ὁ δὲ ὀπίσω μουἐρχόμενος ἰσχυρότερός μού ἐστιν,
d　οὗ οὐκ εἰμὶ ἱκανὸς τ⟦ὰ⟧ὑποδήματ⟦α⟧⟦βαστά⟧σαι.

e　αὐτὸς ὑμᾶς βαπτίσει ἐν πνεύματι⟦ἁγίῳ⟧καὶ πυρί·

17a 彼は脱穀の熊手を手に持ち、脱穀場を隈なく掃き清めて、穀物を倉に集めるであろう。

b だが、もみ殻は消えることのない火で焼き尽くされるであろう。」

17a οὗ τὸ πτύον ἐν τῇ χειρὶ αὐτοῦ καὶ διακαθαριεῖ τὴν
ἅλωνα αὐτοῦ καὶ συνάξει τὸν σῖτον εἰς τὴν ἀποθήκην
αὐτοῦ,
b τὸ δὲ ἄχυρον κατακαύσει πυρὶ ἀσβέστῳ.

（2）イエスの誘惑物語

Q 2　イエスの誘惑物語（Q 4:1-4, 9-12, 5-8, 13）

1　だが、イエスは、霊に〔よって〕荒野〔に〕〔導か〕れて〔言った〕。

2　悪魔によって試みを〔受けるため〕であった。そして、40 日間……飢えていた。

3a　すると、悪魔は彼に言った。

b　「もしもお前が神の子ならば、これらの石がパンに成るように言え。」

4a　すると、イエスは〔彼に〕答えた。

b　「次のように書かれている。『**人はパンのみで生きるのではない。**』」

9a　〔悪魔は〕彼をエルサレムに連れて行き、神殿の頂きの上に立たせて彼に言った。

b　「もしもお前が神の子ならば、自分の身を下に投げてみよ。

10　次のように書かれているからだ。『**お前のために彼の天使らに命じるであろう。**

11　**すると彼らは両手でお前を引き上げ、お前の足は石を打つことは決してない。**』」

12a　イエスは彼に〔答えて〕言った。

b　「次のように書かれている。『**あなたの主なる神を試みてはならない。**』」

5　悪魔は彼を〔極めて高い〕山に連れて行き、彼に世界の国々とその繁栄を見せた。

（2）イエスの誘惑物語

Q 2　イエスの誘惑物語（Q 4:1-4, 9-12, 5-8, 13）

1 ⟦ὁ⟧ δὲ Ἰησοῦς ⟦ἀν⟧ ή ⟦χθη⟧ ⟦εἰς⟧ τὴ⟦ν⟧ ἔρημ ⟦ον ὑπὸ⟧ τ⟦οῦ⟧ πνεύμα ⟦τος⟧

2 πειρα ⟦σθῆναι⟧ ὑπὸ τοῦ διαβόλου. καὶ ... ἡμέρας τεσσεράκοντα, ... ἐπείνασεν.

3a καὶ εἶπεν αὐτῷ ὁ διάβολος.

b Εἰ υἱὸς εἶ τοῦ θεοῦ, εἰπὲ ἵνα οἱ λίθοι οὗτοι ἄρτοι γένωνται.

4a καὶ ἀπεκρίθη ⟦αὐτ<ῷ>⟧ ὁ Ἰησοῦς.

b γέγραπται ὅτι ***οὐκ ἐπ᾽ ἄρτῳ μόνῳ ζήσεται ὁ ἄνθρωπος.***

9a παραλαμβάνει αὐτὸν ⟦ὁ διάβολος⟧ εἰς Ἰερουσαλὴμ καὶ ἔστησεν αὐτὸν ἐπὶ τὸ πτερύγιον τοῦ ἱεροῦ καὶ εἶπεν αὐτῷ.

b εἰ υἱὸς εἶ τοῦ θεοῦ, βάλε σεαυτὸν κάτω.

10 γέγραπται γὰρ ὅτι ***τοῖς ἀγγέλοις αὐτοῦ ἐντελεῖται περὶ σοῦ***

11 καὶ ***ἐπὶ χειρῶν ἀροῦσίν σε, μήποτε προσκόψῃς πρὸς λίθον τὸν πόδα σου.***

12a καὶ ⟦ἀποκριθεὶς⟧ εἶπεν αὐτῷ ὁ Ἰησοῦς.

b γέγραπται. ***οὐκ ἐκπειράσεις κύριον τὸν θεόν σου***.

5 καὶ παραλαμβάνει αὐτὸν ὁ διάβολος εἰς ὄρος ⟦ὑψηλὸν λίαν⟧ καὶ δείκνυσιν αὐτῷ πάσας τὰς βασιλείας τοῦ κόσμου καὶ τὴν δόξαν αὐτῶν

6a　そして、彼に言った。
7　「もしもお前が私に跪くならば、
6b　これらすべてをお前に与えよう。
8a　イエスは彼に〔答えて〕言った。
b　「次のように書かれている。『あなたの主なる神に
跪きなさい。そして、彼のみを拝しなさい。』」
13　すると悪魔は彼を離れて行った。

旧約聖書の引用：4:4b: 申命記 8:3b, 10-11: 詩編 91:11a, 12 (=LXX90:11a, 12), 12b: 申命記 6:16, 8b: 申命記 6:13 (5:9).

6a καὶ εἶπεν αὐτῷ.
6b ταῦτά σοι πάντα δώσω,
7 ἐὰν προσκυνήσῃς μοι.
8a καὶ ⟦ἀποκριθεὶς⟧ ὁ Ἰησοῦς εἶπεν αὐτῷ.
b γέγραπται. ***κύριον τὸν θεόν σου προσκυνήσεις καὶ αὐτῷ μόνῳ λατρεύσεις.***
13 καὶ ὁ διάβολος ἀφίησιν αὐτόν.

（3）イエスの宣教開始の説教（野の説教・山上の説教）

Q3　弟子に対する幸いの言葉（Q 6:20-23）

20a　〈……〉そして彼（イエス）は〔目を〕〔上げ〕て、
弟子たちに〔向かって〕……言った。
b　「貧しい人々は幸いである。神の国は〔あなたが
たのもの〕だからである。
21a　飢えている人々は幸いである。〔あなたがたは〕満
ち足りるようになるからである。
b　〔嘆き悲しむ〕人々は幸いである。〔あなたがたは
慰められるようになる〕からである。
22a　あなたがたは幸いである。人の子のゆえに、人々
があなたがたを罵り、〔迫害〕し、
b　あなたがたに〔対して〕〔あらゆる〕悪口を〔言っ
た〕時には。
23a　あなたがたは喜び、〔歓びなさい〕。
b　天においてあなたがたの報いは多いからである。
c　というのは、このようにして彼らはあなたがたよ
り以前の預言者を〔迫害した〕からである。

Q4　敵愛についての教え（Q 6:27-28, 35, 29-32, 34, 36）

27　あなたがたの敵を愛しなさい。
28　〔そして〕あなたがたを〔迫害〕する人々のため
に祈りなさい。
35a　こうしてあなたがたの父の子と成るためである。
b　彼（父）は悪人の上にも〔善人の上にも〕太陽を
昇らせ

（3）イエスの宣教開始の説教（野の説教・山上の説教）

Q 3　弟子に対する幸いの言葉（Q 6:20-23）

20a　<...> καὶ ⟦ἐπάρ⟧ας το ⟦ὺς ὀφθαλμοὺς⟧ αὐτοῦ ⟦εἰς τοὺς ⟧ μαθητὰ ⟦ς⟧αὐτοῦ ...λέγ...

b　μακάριοι οἱ πτωχοί, ὅτι ⟦ὑμετέρα⟧ ἐστὶν ἡ βασιλεία τοῦ θεοῦ.

21a　μακάριοι οἱ πεινῶντες, ὅτι χορτασθήσ ⟦εσθε⟧.

b　μακάριοι οἱ ⟦πενθ⟧ ο ⟦ῦ⟧ ντες, ὅτι ⟦παρακληθήσ<εσθε>⟧

22a　μακάριοί ἐστε ὅταν ὀνειδίσωσιν ὑμᾶς καὶ ⟦διώξ⟧ ωσιν

b　καὶ ⟦εἴπ⟧ ωσιν ⟦πᾶν⟧ πονηρὸν ⟦καθ’⟧ ὑμῶν ἕνεκεν τοῦ υἱοῦ τοῦ ἀνθρώπου.

23a　χαίρετε καὶ ⟦ἀγαλλιᾶσθε⟧ ,

b　ὅτι ὁ μισθὸς ὑμῶν πολὺς ἐν τῷ οὐρανῷ.

c　οὕτως γὰρ ⟦ἐδίωξαν⟧ τοὺς προφήτας τοὺς πρὸ ὑμῶν.

Q 4　敵愛についての教え（Q 6:27-28, 35, 29-32, 34, 36）

27　ἀγαπᾶτε τοὺς ἐχθροὺς ὑμῶν

28　⟦καὶ⟧ προσεύχεσθε ὑπὲρ τῶν ⟦διωκ⟧ όντων ὑμᾶς,

35a　ὅπως γένησθε υἱοὶ τοῦ πατρὸς ὑμῶν,

b　ὅτι τὸν ἥλιον αὐτοῦ ἀνατέλλει ἐπὶ πονηροὺς

c　〔正しい人の上にも正しくない人の上にも雨を降らせ〕る。

29a　あなたの頬を〔平手で打つ〕人には、

b　もう一方の頬をも〔彼に〕振り向けなさい。

c　〔あなたを訴えて〕下着を〔取ろう〕とする人には、

d　上着をも〔(取ら) させなさい〕。

30a　あなたに求める人には与え、

b　〔貸し〈ている〉人から〕返してもらわないようにしなさい。

31a　このようにして、人があなたがたにして欲しいと望むように、

b　あなたがたも彼らに行ないなさい。

32a　……もしも……あなたがたを愛する人たちを愛したとしても、

b　どんな報いがあろうか。

c　徴税人でさえも同じことを行なっているではないか。

34a　もしも〔あなたがたが取り戻すつもりで貸すのであれば、

b　どんな報いがあろうか。〕

c　〔異邦〕人でも同じことを行なっているではないか。

36a　あなたがたの父が憐れみ深いように、

b　あなたがたも憐れみ深く〔成〕りなさい。

c καὶ ⟦ἀγαθοὺς καὶ βρέχει ἐπὶ δικαίους καὶ ἀδίκους⟧.

29a ⟦ὅς< >⟧ σε ⟦ῥαπίζει⟧ εἰς τὴν σιαγόνα,

b στρέψον ⟦αὐτῷ⟧ καὶ τὴν ἄλλην.

c καὶ ⟦τῷ θέλοντί σοι κριθῆναι καὶ⟧ τὸν χιτῶνά σου ⟦λαβεῖν,

d ἄφες αὐτῷ⟧ καὶ τὸ ἱμάτιον.

30a τῷ αἰτοῦντί σε δός,

b καὶ ⟦ἀπὸ⟧ τ ⟦οῦ δανι<ζομένου>, τὰ⟧ ς ⟦ὰ⟧ μὴ ἀπ ⟦αίτει⟧.

31a καὶ καθὼς θέλετε ἵνα ποιῶσιν ὑμῖν οἱ ἄνθρωποι,

b οὕτως ποιεῖτε αὐτοῖς.

32a ... ε ⟦ὶ⟧ ... ἀγαπ ⟦ᾶ⟧ τε τοὺς ἀγαπῶντας ὑμᾶς,

b τίνα μισθὸν ἔχετε;

c οὐχὶ καὶ οἱ τελῶναι τὸ αὐτὸ ποιοῦσιν;

34a καὶ ἐὰν ⟦δανίσητε παρ' ὧν ἐλπίζετε λαβεῖν,

b τι<να μισθὸν ἔχε>τε⟧ ;

c οὐχὶ καὶ ⟦οἱ ἐθνικ⟧ οὶ τὸ αὐτὸ ποιοῦσιν;

36a ⟦γίν⟧ εσθε οἰκτίρμονες

b ὡς ... ὁ πατὴρ ὑμῶν οἰκτίρμων ἐστίν.

Q５　裁きについての教え（Q 6:37-42）

37a　……あなたがたは裁いてはいけない。……（そう
すれば）あなたがたは裁かれない。
b　〔なぜならば、あなたがたが裁く裁きによって、裁
かれるからである。〕
38c　〔また、〕あなたがたが量る秤によって量られるか
らである。
39a　果して盲人が盲人を手引きすることができよう
か。
39b　両者とも穴に落ちるのではないか。
40a　弟子は教師を越えることはない。
b　〔弟子が〕教師のように成れば〔十分である〕。
41a　だが、なぜあなたの兄弟の目にある塵を見ながら、

41b　自分の目にある梁に気づかないのか。
42a　どうしてあなたの兄弟に……「あなたの兄弟の目
にある塵を取り出すことを赦してください」と（言
えようか）。
b　しかも見よ、あなたの目にある梁があるではない
か。
c　偽善者よ、最初に自分の目から梁を取り出しなさ
い。
d　そしてその後で、あなたの兄弟の目から……塵を
取り出すために、はっきりと見なさい。

Q 5　裁きについての教え（Q 6:37-42）

37a　… μὴ κρίνετε, ... μὴ κριθῆτε.

b　⟦ἐν ᾧ γὰρ κρίματι κρίνετε κριθήσεσθε,⟧

38c　⟦καὶ⟧ ἐν ᾧ μέτρῳ μετρεῖτε μετρηθήσεται ὑμῖν.

39a　μήτι δύναται τυφλὸς τυφλὸν ὁδηγεῖν;

39b　οὐχὶ ἀμφότεροι εἰς βόθυνον πεσοῦνται;

40a　οὐκ ἔστιν μαθητὴς ὑπὲρ τὸν διδάσκαλον. ⟦ἀρκετὸν τῷ

40b　μαθητῇ ἵνα γένη⟧ ται ὡς ὁ διδάσκαλος αὐτοῦ.

41a　τί δὲ βλέπεις τὸ κάρφος τὸ ἐν τῷ ὀφθαλμῷ τοῦ ἀδελφοῦ
σου,

41b　τὴν δὲ ἐν τῷ σῷ ὀφθαλμῷ δοκὸν οὐ κατανοεῖς;

42a　πῶς ... τῷ ἀδελφῷ σου. ἄφες ἐκβάλω τὸ κάρφος ⟦ἐκ⟧ τ
⟦οῦ⟧ ὀφθαλμ ⟦οῦ⟧ σου,

b　καὶ ἰδοὺ ἡ δοκὸς ἐν τῷ ὀφθαλμῷ σου;

c　ὑποκριτά, ἔκβαλε πρῶτον ἐκ τοῦ ὀφθαλμοῦ σου τὴν
δοκόν,

d　καὶ τότε διαβλέψεις ἐκβαλεῖν τὸ κάρφος ... τ... ὀφθαλμ...
τοῦ ἀδελφοῦ σου.

Q６　木と実の譬え（Q 6:43-45）

43a　……良い木が酸っぱい実を結ぶことはない。
b　また〔再び〕酸っぱい木が良い実を結ぶこともない。
44a　なぜならば、木はその実から知られるからである。
b　茨からいちじくを集めるだろうか、アザミからぶどうを集めるだろうか。
45a　善い人は善い倉から善い物を取り出し、

b　悪い〔人〕は悪い〔倉〕から悪い物を取り出す。

c　なぜならば、口は心から溢れ出ることを語るからである。

Q 6　木と実の譬え（Q 6:43-45）

43a　... οὔ<κ> ἐστιν δένδρον καλὸν ποιοῦν καρπὸν σαπρόν,
b　οὐδὲ ⟦πάλιν⟧ δένδρον σαπρὸν ποιοῦν καρπὸν καλόν.

44a　ἐκ γὰρ τοῦ καρποῦ τὸ δένδρον γινώσκεται.
b　μήτι συλλέγουσιν ἐξ ἀκανθῶν σῦκα ἢ ἐκ τριβόλων σταφυλ⟦άς⟧ ;
45a　ὁ ἀγαθὸς ἄνθρωπος ἐκ τοῦ ἀγαθοῦ θησαυροῦ ἐκβάλλει ἀγαθά,
b　καὶ ὁ πονηρὸς ⟦ἄνθρωπος⟧ ἐκ τοῦ πονηροῦ ⟦θησαυροῦ⟧ ἐκβάλλει πονηρά.
c　ἐκ γὰρ περισσεύματος καρδίας λαλεῖ τὸ στόμα ⟦αὐτοῦ⟧.

Ｑ７　家を建てた人の譬え話（Q 6:46-49）

46a　なぜあなたがたは……主よ、主よ、と私を呼んで、
b　私が言うことを行なわないのか。
47a　私の言葉……を
b　聞いて、それらを行なう人はすべて、
48b　岩の上に〔自分の〕家を建てた
a　人に似ている。
c　雨が降り、川が（溢れて）来て、
d　〔風が巻き起こり、〕
e　その家に打ち当たっても、
f　それは倒れなかった。
g　なぜならば、岩の上に土台が据えられていたからである。
49a　〔私の言葉を〕聞いて、
b　〔それらを〕行なわない人は〔すべて〕、
d　砂の上に自分の家を建てた
c　人に似ている。
e　雨が降り、川が（溢れて）来て、
f　〔風が巻き起こり、〕
g　その家を打ちつけると、
h　それはすぐに倒れた。
i　しかも〔その倒れ方は〕ひどかった。

Q 7　家を建てた人の譬え話（Q 6:46-49）

46a　τί .. με καλεῖτε. κύριε κύριε,

b　καὶ οὐ ποιεῖτε ἃ λέγω;

47a　πᾶς ὁ ἀκούων μου τ... λόγ...

b　καὶ ποιῶν αὐτούς,

48a　ὅμοιός ἐστιν ἀνθρώπῳ,

b　ὃς ᾠκοδόμησεν ⟦αὐτοῦ τὴν⟧ οἰκίαν ἐπὶ τὴν πέτραν.

c　καὶ κατέβη ἡ βροχὴ καὶ ἦλθον οἱ ποταμοὶ

d　⟦καὶ ἔπνευσαν οἱ ἄνεμοι⟧

e　καὶ προσέπεσαν τῇ οἰκίᾳ ἐκείνῃ,

f　καὶ οὐκ ἔπεσεν,

g　τεθεμελίωτο γὰρ ἐπὶ τὴν πέτραν.

49a　καὶ ⟦πᾶς⟧ ὁ ἀκούων ⟦μου τοὺς λόγους⟧

b　καὶ μὴ ποιῶν ⟦αὐτοὺς⟧

c　ὅμοιός ἐστιν ἀνθρώπῳ

d　ὃς ᾠκοδόμησεν ⟦αὐτοῦ τὴν⟧ οἰκίαν ἐπὶ τὴν ἄμμον.

e　καὶ κατέβη ἡ βροχὴ καὶ ἦλθον οἱ ποταμοὶ

f　⟦καὶ ἔπνευσαν οἱ ἄνεμοι⟧

g　καὶ προσέκοψαν τῇ οἰκίᾳ ἐκείνῃ,

h　καὶ εὐθὺς ἔπεσεν

i　καὶ ἦν ⟦ἡ πτῶσις⟧ αὐτῆς μεγά ⟦λη⟧.

（4）百人隊長の子の癒し物語

Q８　百人隊長の子の癒し物語（Q 7:1, 3, 6-9）

1a 〔そして〕これらの言葉を……〔話し終えると〕

b カファルナウムに入って行った。

3a 〈 〉彼のところに百人隊長が来て、

b 彼に懇願して〔言った〕。

c 「〔私の〕子が〔病気です。」

d すると彼に言った。

e 「私が〕行って彼を治しましょうか。」

6a だが、百人隊長が答えて言った。

b 「主よ、我が屋根の下にお入り頂くのに値しません。

7 むしろお言葉を言ってください。そうすれば、私の子は癒され〔ます〕。

8a というのは、私も権威の下にある人間で、

b 私の下に兵士たちがいるからです。

c そして、この人に『行け』と言えば行きます。

d もう一方の人に『来い』と言えば来ます。

e 私の僕に『これを行なえ』と言えば行ないます。」

9a だが、イエスは〔これらを〕聞いて驚かれ、

b 従っている人々に言った。

c 「私はあなたがたに言う。イスラエルの中にこのような信仰を一度も見出したことがない。」

（4）百人隊長の子の癒し物語

Q 8　百人隊長の子の癒し物語（Q 7:1, 3, 6-9）

1a ⟦καὶ ἐγένετο ὅτε⟧ ἐ ⟦πλήρω⟧ σεν ... τοὺς λόγους τούτους,

b εἰσῆλθεν εἰς Καφαρναούμ.

3a < >ἦλθεν αὐτῷ ἑκατόνταρχ ⟦ο⟧ ς

b παρακαλῶν αὐτὸν ⟦καὶ λέγων.⟧

c ὁ παῖς ⟦μου κακῶς ἔχ<ει>.

d καὶ λέγει αὐτῷ.

e ἐγὼ⟧ ἐλθὼν θεραπεύς ⟦ω⟧ αὐτόν;

6a καὶ ἀποκριθεὶς ὁ ἑκατόνταρχος ἔφη.

b κύριε, οὐκ εἰμὶ ἱκανὸς ἵνα μου ὑπὸ τὴν στέγην εἰσέλθῃς,

7 ἀλλὰ εἰπὲ λόγῳ, καὶ ἰαθή ⟦τω⟧ ὁ παῖς μου.

8a καὶ γὰρ ἐγὼ ἄνθρωπός εἰμι ὑπὸ ἐξουσίαν,

b ἔχων ὑπ' ἐμαυτὸν στρατιώτας,

c καὶ λέγω τούτῳ. πορεύθητι, καὶ πορεύεται,

d καὶ ἄλλῳ. ἔρχου, καὶ ἔρχεται,

e καὶ τῷ δούλῳ μου. ποίησον τοῦτο, καὶ ποιεῖ.

9a ἀκούσας δὲ ὁ Ἰησοῦς ἐθαύμασεν

b καὶ εἶπεν τοῖς ἀκολουθοῦσιν.

c λέγω ὑμῖν, οὐδὲ ἐν τῷ Ἰσραὴλ τοσαύτην πίστιν εὗρον.

（5）洗礼者ヨハネ称賛の説教

Q９　洗礼者ヨハネの問い合わせ（Q 7:18-19, 22-23）

18　……ヨハネは〔これらのことをすべて聞いて〕送っ〔た〕彼の弟子たちによって、

19a　彼に〔言った〕。

b　「あなたこそ来たるべき方ですか、それとも私たちは〔他の〕方を待つべきでしょうか。」

22a　すると彼（イエス）は彼らに答えて言った。

b　「行って、あなたがたが聞いていることや見ていることをヨハネに伝えなさい。

c　**盲人は目が開かれ、足萎えは歩き回り、**

d　らい病人は清められ、**耳しいは聞こえるようになり、**

e　**そして死者は甦り、貧しい人々は福音を聞いている。**

23　そして、私に躓かない人は幸いである。」

旧約聖書の引用：7:22c イザヤ書 29:18-19, 35:5-6, 42:7, 18, 61:1, 22d イザヤ書 29:18, 35:5, 42:18, 22e イザヤ書 26: 19, 29:19, 61:1.

（5）洗礼者ヨハネ称賛の説教

Q 9　洗礼者ヨハネの問い合わせ（Q 7:18-19, 22-23）

18　... ὁ ... Ἰωάννης ⟦ἀκούσας περὶ πάντων τούτων⟧ πέμψ ⟦
ας⟧ διὰ τῶν μαθητῶν αὐτοῦ

19a　⟦εἶπεν⟧ αὐτῷ.

b　σὺ εἶ ὁ ἐρχόμενος ἢ ⟦ἕτερ⟧ ον προσδοκῶμεν;

22a　καὶ ἀποκριθεὶς εἶπεν αὐτοῖς.

b　πορευθέντες ἀπαγγείλατε Ἰωάννῃ ἃ ἀκούετε καὶ βλέπετε.

c　***τυφλοὶ ἀναβλέπουσιν καὶ χωλοὶ περιπατοῦσιν,***

d　λεπροὶ καθαρίζονται ***καὶ κωφοὶ ἀκούουσιν,***

e　***καὶ νεκροὶ ἐγείρονται καὶ πτωχοὶ εὐαγγελίζονται.***

23　καὶ μακάριός ἐστιν ὃς ἐὰν μὴ σκανδαλισθῇ ἐν ἐμοί.+

Q 10　イエスの弟子に対する洗礼者ヨハネ称賛の説教（Q7:24-28）

24a　だが、彼らが立ち去った後で、ヨハネについて群衆に言い始めた。
b　「あなたがたは何を眺めるために、荒野に出て行ったのか。
c　風に揺らぐ葦か。
25a　そうでなければ、何を見るために出て行ったのか。
b　豪奢な服を纏った人か。
c　見よ、豪奢な服で着飾った人々は、王家の家々にいる。
26a　そうでなければ、何を見るために出て行ったのか。
b　預言者か。
c　そうだ、私はあなたがたがたに言う、預言者よりも優れた人である。
27a　この人については、このように書かれている。
b　**見よ、〔私は〕私の使いをあなたの面前に派遣する。**

c　**彼は**あなたの**道を**あなたの**前に備えるであろう。**
28a　私はあなたがたに言う。
b　女たちから生まれた人の中でヨハネよりも大きい人は現れなかった。
c　だが、神の国の中で最も小さい人も彼よりは大きい。

旧約聖書の引用：7:27b 出エジプト記 23:20, 7:27c マラキ書 3:1.

Q 10　イエスの弟子に対する洗礼者ヨハネ称賛の説教（Q7:24-28）

24a τούτων δὲ ἀπελθόντων ἤρξατο λέγειν τοῖς ὄχλοις περὶ Ἰωάννου.

b τί ἐξήλθατε εἰς τὴν ἔρημον θεάσασθαι;

c κάλαμον ὑπὸ ἀνέμου σαλευόμενον;

25a ἀλλὰ τί ἐξήλθατε ἰδεῖν;

b ἄνθρωπον ἐν μαλακοῖς ἠμφιεσμένον;

c ἰδοὺ οἱ τὰ μαλακὰ φοροῦντες ἐν τοῖς οἴκοις τῶν βασιλέων εἰσίν.

26a ἀλλὰ τί ἐξήλθατε ἰδεῖν;

b προφήτην;

c ναὶ λέγω ὑμῖν, καὶ περισσότερον προφήτου.

27a οὗτός ἐστιν περὶ οὗ γέγραπται.

b ***ἰδοὺ*** ⟦***ἐγὼ***⟧ ***ἀποστέλλω τὸν ἄγγελόν μου πρὸ προσώπου σου,***

c ***ὃς κατασκευάσει τὴν ὁδόν*** σου ***ἔμπροσθέν*** σου.

28a λέγω ὑμῖν.

b οὐκ ἐγήγερται ἐν γεννητοῖς γυναικῶν μείζων Ἰωάννου.

c ὁ δὲ μικρότερος ἐν τῇ βασιλείᾳ τοῦ θεοῦ μείζων αὐτοῦ ἐστιν.

Q 11　広場の子供たちの譬え（Q 7:31-35）

31a　この時代を何に……譬えようか。

b　それは何に似ているか。

32b　〔他の人々〕に呼びかけて（このように）言う、

a　広〔場〕に座っている子供たちに似ている。

c　私たちはあなたがたに笛を吹いたが、あなたがたは踊らなかった。

d　私たちは喪に服したが、あなたがたは泣かなかった。

33a　なぜならば、ヨハネが来て、……食べも飲みもしないと、

b　『彼は悪霊に憑かれている』とあなたがたは言い、

34a　人の子が来て、食べも飲みもすると、

b　『見よ、彼は大食漢で大酒飲み、徴税人と罪人の友だ』とあなたがたは言うからだ。

35　だが、知恵はその子らから正しいと認められた。」

Q 11　広場の子供たちの譬え（Q 7:31-35）

31a　τίνι ... ὁμοιώσω τὴν γενεὰν ταύτην

b　καὶ τίνι ἐ<στ>ὶν ὁμοί<α>;

32a　ὁμοία ἐστὶν παιδίοις καθημένοις ἐν ⟦ταῖς⟧ ἀγορ ⟦αῖς⟧

b　ἃ προσφωνοῦντα ⟦τοῖς ἑτέρ⟧ οις λέγουσιν.

c　ηὐλήσαμεν ὑμῖν καὶ οὐκ ὠρχήσασθε,

d　ἐθρηνήσαμεν καὶ οὐκ ἐκλαύσατε.

33a　ἦλθεν γὰρ Ἰωάννης μὴ... ἐσθίων μήτε πίνων,

b　καὶ λέγετε. δαιμόνιον ἔχει.

34a　ἦλθεν ὁ υἱὸς τοῦ ἀνθρώπου ἐσθίων καὶ πίνων,

b　καὶ λέγετε. ἰδοὺ ἄνθρωπος φάγος καὶ οἰνοπότης, τελωνῶν φίλος καὶ ἁμαρτωλῶν.

35　καὶ ἐδικαιώθη ἡ σοφία ἀπὸ τῶν τέκνων αὐτῆς.

II　弟子派遣の説教

（1）弟子の覚悟

Q 12　イエスに従うこと（Q 9:57-60）

57a　ある人が彼（イエス）に言った。
b　「あなたがどこに立ち去られようとも、私はあなたに従いましょう。」
58a　イエスは彼に言った。
b　「狐には巣穴があり、
c　空の鳥には巣がある。
d　だが、人の子には頭を横にする所がない。」

59a　また、他の人が彼に言った。
b　「主よ、私に戻らせてください。
c　最初に、立ち去って、私の父を埋葬するために。」
60a　だが、彼に言った。
b　「私に従いなさい。
c　また、死者を埋葬することを死者に任せなさい。」

II　弟子派遣の説教

（1）弟子の覚悟

Q 12　イエスに従うこと（Q 9:57-60）

57a　καὶ εἶπέν τις αὐτῷ.
b　ἀκολουθήσω σοι ὅπου ἐὰν ἀπέρχῃ.

58a　καὶ εἶπεν αὐτῷ ὁ Ἰησοῦς.
b　αἱ ἀλώπεκες φωλεοὺς ἔχουσιν
c　καὶ τὰ πετεινὰ τοῦ οὐρανοῦ κατασκηνώσεις,
d　ὁ δὲ υἱὸς τοῦ ἀνθρώπου οὐκ ἔχει ποῦ τὴν κεφαλὴν κλίνῃ.
59a　ἕτερος δὲ εἶπεν αὐτῷ.
b　κύριε, ἐπίτρεψόν μοι
c　πρῶτον ἀπελθεῖν καὶ θάψαι τὸν πατέρα μου.
60a　εἶπεν δὲ αὐτῷ.
b　ἀκολούθει μοι
c　καὶ ἄφες τοὺς νεκροὺς θάψαι τοὺς ἑαυτῶν νεκρούς.

（2）弟子派遣の説教

Q 13　弟子派遣の説教（Q 10:2-12）

2a　彼（イエス）の弟子たちに……言う。
b　「収穫は多いが、働き人が少ない。
c　それゆえ、収穫の主に願い求めよ、
d　その収穫のために働き人を送り出してもらうために。
3　行きなさい。見よ、私はあなたがたを狼の真中に（送られる）羊のように派遣する。
4a　〔財布も〕、頭陀袋も、
b　履物（サンダル）も、杖も持っていくな。
c　また、道の途上で誰にも挨拶をするな。
5a　もしも家の中に入るならば、
b　〔初めに〕あなたがたは、〔この家に〕平和（があるように）と言いなさい。
6a　もしもそこに平和の子がいるならば、
b　あなたがたの平和が彼の上に来るであろう。
c　もしもいなかったならば、
d　あなたがたの平和があなたがたに〔戻って来るように〕。
7a　〔だが、〕あなたがたは〔同じ家に〕留まりなさい。
b　《彼らからのものを飲み食いしなさい。》
c　なぜならば、働き人はその報いにふさわしいからである。
d　〔家から家へと移動し回らないように。〕
8a　町の中に〔入って〕、彼らがあなたがたを受け入れるならば、

（2）弟子派遣の説教

Q 13　弟子派遣の説教（Q 10:2-12）

2a　...λεγε... τοῖς μαθηταῖς αὐτοῦ.
b　ὁ μὲν θερισμὸς πολύς, οἱ δὲ ἐργάται ὀλίγοι.
c　δεήθητε οὖν τοῦ κυρίου τοῦ θερισμοῦ
d　ὅπως ἐκβάλῃ ἐργάτας εἰς τὸν θερισμὸν αὐτοῦ.

3　ὑπάγετε. ἰδοὺ ἀποστέλλω ὑμᾶς ὡς πρόβατα ἐν μέσῳ λύκων.
4a　μὴ βαστάζετε ⟦βαλλάντιον⟧ , μὴ πήραν,
b　μὴ ὑποδήματα, μηδὲ ῥάβδον.
c　καὶ μηδένα κατὰ τὴν ὁδὸν ἀσπάσησθε.
5a　εἰς ἣν δ᾽ ἂν εἰσέλθητε οἰκίαν,
b　⟦πρῶτον⟧ λέγετε. εἰρήνη ⟦τῷ οἴκῳ τούτῳ⟧.

6a　καὶ ἐὰν μὲν ἐκεῖ ᾖ υἱὸς εἰρήνης,
b　ἐλθάτω ἡ εἰρήνη ὑμῶν ἐπ᾽ αὐτόν.
c　ε⟦ἰ⟧ δὲ μή,
d　ἡ εἰρήνη ὑμῶν ⟦ἐφ᾽⟧ ὑμᾶς ⟦ἐπιστραφήτω⟧ .

7a　⟦ἐν αὐτῇ δὲ τῇ οἰκίᾳ⟧ μέν ⟦ε⟧ τε
b　«ἐσθίοντες καὶ πίνοντες τὰ παρ᾽ αὐτῶν».
c　ἄξιος γὰρ ὁ ἐργάτης τοῦ μισθοῦ αὐτοῦ.

d　⟦μὴ μεταβαίνετε ἐξ οἰκίας εἰς οἰκίαν.⟧
8a　καὶ εἰς ἣν ἂν πόλιν εἰς⟦έρχησθε⟧ καὶ δέχωνται ὑμᾶς,

b 〔《あなたがたに出されたものを食べなさい。》〕
9a そして病んで〔いる人々〕を癒し、
c 神の国はあなたがたに近づいた……と
b 〔彼らに〕言いなさい。
10a 町の中に入って、彼らがあなたがたを受け入れないならば、
b 〔その町の〕〔外へ〕出て〔行って〕、
11 あなたがたの足の埃を払い落としなさい。
12a あなたがたに言う。
b ソドムの方がその日にはその町よりも耐えられるであろう。

Q 14　ガリラヤの町々に対する災いの言葉

（Q 10:13-15）

13a 災いだお前、コラジンよ。災いだお前、ベッサイダよ。
c なぜならば、お前たちの中で起こった力ある業が
b ツロとシドンで起こったならば、

d 彼らはとうの昔に荒布と灰をかぶって悔い改めただろうからである。
14 しかしながら、裁きの時にはツロとシドンの方がお前たちよりも耐えられるであろう。
15a カファルナウムよ、お前は天にまで挙げられるであろうか。
b **ハデスにまで落とされるであろう。**

旧約聖書の引用：10:15b, イザヤ書 14:15.

b ⟦«ἐσθίετε τὰ παρατιθέμενα ὑμῖν»⟧

9a καὶ θεραπεύετε τοὺς ἐν αὐτῇ ἀσθεν ⟦οῦντας⟧

b καὶ λέγετε ⟦αὐτοῖς⟧

c ... ἤγγικεν ἐφ᾽ ὑμᾶς ἡ βασιλεία τοῦ θεοῦ.

10a εἰς ἣν δ᾽ ἂν πόλιν εἰσέλθητε καὶ μὴ δέχωνται ὑμᾶς,

b ἐξε ⟦ρχόμενοι ἔξω⟧ τ ⟦ῆς πολέως ἐκείνης⟧

11 ἐκτινάξατε τὸν κονιορτὸν τῶν ποδῶν ὑμῶν.

12a λέγω ὑμῖν ⟦ὅτι⟧

b Σοδόμοις ἀνεκτότερον ἔσται ἐν τῇ ἡμέρᾳ ἐκείνῃ ἢ τῇ πόλει ἐκείνῃ.

Q 14　ガリラヤの町々に対する災いの言葉

（Q 10:13-15）

13a οὐαί σοι, Χοραζίν. οὐαί σοι, Βηθσαϊδά.

b ὅτι εἰ ἐν Τύρῳ καὶ Σιδῶνι

c ἐγενήθησαν αἱ δυνάμεις αἱ γενόμεναι ἐν ὑμῖν,

d πάλαι ἂν ἐν σάκκῳ καὶ σποδῷ μετενόησαν.

14 πλὴν Τύρῳ καὶ Σιδῶνι ἀνεκτότερον ἔσται ἐν τῇ κρίσει ἢ ὑμῖν.

15a καὶ σύ, Καφαρναούμ, μὴ ἕως οὐρανοῦ ὑψωθήσῃ;

b ἕως τοῦ ***ᾅδου καταβήσῃ.***

Q 15　使者の権威（Q 10:16）

16a　あなたがたを受け入れる人は、私を受け入れるのであり、

b　〔また〕私を受け入れる人は、私を派遣した方を受け入れるのである。」

Q 16　啓示に対する感謝（Q 10:21-22）

21a　……その時、彼は言った。

b　「父よ、天と地の主よ、私はあなたに感謝します。

c　なぜならば、あなたはこれらのことを賢い人や知性ある人に隠して

d　それらを幼い人に現わしたからです。

e　そうです、父よ、このようにしてあなたの前で御心が成ったのです。

22a　すべては私の父によって私に委ねられています。

b　しかし、父以外に御子を誰も知りません。

cd　また、御子と御子が現わそうとした人以外に、父を〔誰も知りません〕。

Q 15　使者の権威（Q 10:16）

16a　ὁ δεχόμενος ὑμᾶς ἐμὲ δέχεται,

b　⟦καὶ⟧ ὁ ἐμὲ δεχόμενος δέχεται τὸν ἀποστείλαντά με.

Q 16　啓示に対する感謝（Q 10:21-22）

21a　ἐν ... εἶπεν.

b　ἐξομολογοῦμαί σοι, πάτερ, κύριε τοῦ οὐρανοῦ καὶ τῆς γῆς,

c　ὅτι ἔκρυψας ταῦτα ἀπὸ σοφῶν καὶ συνετῶν

d　καὶ ἀπεκάλυψας αὐτὰ νηπίοις.

e　ναὶ ὁ πατήρ, ὅτι οὕτως εὐδοκία ἐγένετο ἔμπροσθέν σου.

22a　πάντα μοι παρεδόθη ὑπὸ τοῦ πατρός μου,

b　καὶ οὐδεὶς γινώσκει τὸν υἱὸν εἰ μὴ ὁ πατήρ,

c　οὐδὲ τὸν πατέρα ⟦τις γινώσκει⟧ εἰ μὴ ὁ υἱὸς

d　καὶ ᾧ ἐὰν βούληται ὁ υἱὸς ἀποκαλύψαι.

Q 17　目撃証人に対する幸いの言葉（Q 10:23-24）

23　あなたがたが見ている……ことを見ている眼は、幸いである。

24a　なぜならば、私はあなたがたに言う。多くの預言者と王は、……。

b　あなたがたが見ていることを見たがっていたが、見なかったからである。

c　あなたがたが聞いていることを聞きたがっていたが、聞かなかったからである。」

Q 17　目撃証人に対する幸いの言葉（Q 10:23-24）

23　μακάριοι οἱ ὀφθαλμοὶ οἱ βλέποντες ἃ βλέπετε ... .

24a　λέγω γὰρ ὑμῖν ὅτι πολλοὶ προφῆται καὶ βασιλεῖς
...ησαν

b　ἰδεῖν ἃ βλέπετε καὶ οὐκ εἶδαν,

c　καὶ ἀκοῦσαι ἃ ἀκούετε καὶ οὐκ ἤκουσαν.

（3）祈りについて

Q 18　主の祈り（Q 11:2b-4）

2a　あなたがたが祈る〔時には〕、〔あなたがたは（こう）言いなさい〕。
b　父よ、
c　あなたの御名が聖とされますように。
d　あなたの御国が来ますように。
3　私たちに必要なパンを今日お与えください。
4a　私たちの負債を赦してください。
b　私たちに負債ある人を私たちが赦したように。
c　私たちを試みに遭わせないでください。

（3）祈りについて

Q 18　主の祈り（Q 11:2b-4）

2a　⟦ὅταν⟧ προσεύχ⟦η⟧ σθε ⟦λέγετε⟧.

b　πάτερ,

c　ἁγιασθήτω τὸ ὄνομά σου.

d　ἐλθέτω ἡ βασιλεία σου.

3　τὸν ἄρτον ἡμῶν τὸν ἐπιούσιον δὸς ἡμῖν σήμερον.

4a　καὶ ἄφες ἡμῖν τὰ ὀφειλήματα ἡμῶν,

b　ὡς καὶ ἡμεῖς ἀφήκαμεν τοῖς ὀφειλέταις ἡμῶν.

c　καὶ μὴ εἰσενέγκῃς ἡμᾶς εἰς πειρασμόν.

Q 19　願い求めることについての教え（Q 11:9-13）

9a　あなたがたに言う。

b　「求めなさい、そうすればあなたがたに与えられるであろう。

c　探し求めなさい、そうすれば見出すであろう。

d　叩きなさい、そうすればあなたがたに開かれるであろう。

10a　なぜならば、すべて求める人は取り、

b　探し求める人は見出し、

c　叩く人に開かれるであろうからである。

11a　……あなたがたの誰が、パンを求める自分の子に

b　石を与えるだろうか。

12a　あるいは、魚を求めるのに、

b　蛇を与えるだろうか。

13a　それゆえ、もしあなたがたが悪い人であっても

b　あなたがたの子らに、善い贈り物を与えることを知っているならば、

cd　天の父は、求める人々にどれほどはるかに善いものを与えるであろうか。」

Q 19　願い求めることについての教え（Q 11:9-13）

9a　λέγω ὑμῖν,
b　αἰτεῖτε καὶ δοθήσεται ὑμῖν,

c　ζητεῖτε καὶ εὑρήσετε,
d　κρούετε καὶ ἀνοιγήσεται ὑμῖν.

10a　πᾶς γὰρ ὁ αἰτῶν λαμβάνει
b　καὶ ὁ ζητῶν εὑρίσκει
c　καὶ τῷ κρούοντι ἀνοιγήσεται.
11a　... τίς ἐστιν ἐξ ὑμῶν ἄνθρωπος, ὃν αἰτήσει ὁ υἱὸς αὐτοῦ ἄρτον,
b　μὴ λίθον ἐπιδώσει αὐτῷ;
12a　ἢ καὶ ἰχθὺν αἰτήσει,
b　μὴ ὄφιν ἐπιδώσει αὐτῷ;
13a　εἰ οὖν ὑμεῖς πονηροὶ ὄντες
b　οἴδατε δόματα ἀγαθὰ διδόναι τοῖς τέκνοις ὑμῶν,

c　πόσῳ μᾶλλον ὁ πατὴρ ἐξ οὐρανοῦ
d　δώσει ἀγαθὰ τοῖς αἰτοῦσιν αὐτόν.

Ⅲ　この時代に対抗して

（1）汚れた霊への非難の言葉

Q 20　ベルゼブル論争物語（Q 11:14-15, 17-20, 23）

14a　そして、彼（イエス）はおしの悪霊を追い〔出し〕た。
b　そして、悪霊が追い出されると、おしがしゃべった。
c　すると、群衆が驚いた。
15a　だが、ある人々が言った。
b　「彼は悪霊の支配者ベルゼブルによって
c　悪霊を追い出しているのだ。」
17a　だが、彼（イエス）は彼らの思惑を知って、彼らに言った。
b　「内部で分裂した国はすべて荒れ果てる。
c　内部で分裂した家はすべて立ちゆかないであろう。
18a　もしもサタンが内部で分裂しているならば、
b　どうしてその国は立ちゆくのか。
19a　また、もしも私がベルゼブルによって悪霊を追い出しているならば、
b　あなたがたの息子たちは何によって追い出しているのか。
c　それゆえ、彼ら自身があなたがたを裁く人になるだろう。
20a　だが、もしも私が神の指によって悪霊を追い出しているならば、

Ⅲ　この時代に対抗して

（1）汚れた霊への非難の言葉

Q 20　ベルゼブル論争物語（Q 11:14-15, 17-20, 23）

14a　καὶ ἐ ⟦<ξέ>⟧ βαλ ⟦<εν>⟧ δαιμόνιον κωφόν.

b　καὶ ἐκβληθέντος τοῦ δαιμονίου ἐλάλησεν ὁ κωφὸς

c　καὶ ἐθαύμασαν οἱ ὄχλοι.
15a　τινὲς δὲ εἶπον.
b　ἐν Βεελζεβοὺλ τῷ ἄρχοντι τῶν δαιμονίων
c　ἐκβάλλει τὰ δαιμόνια.
17a　εἰδὼς δὲ τὰ διανοήματα αὐτῶν εἶπεν αὐτοῖς.

b　πᾶσα βασιλεία μερισθεῖσα ⟦καθ'⟧ ἑαυτῆ ⟦ς⟧ ἐρημοῦται
c　καὶ πᾶσα οἰκία μερισθεῖσα καθ' ἑαυτῆς οὐ σταθήσεται.

18a　καὶ εἰ ὁ σατανᾶς ἐφ' ἑαυτὸν ἐμερίσθη,
b　πῶς σταθήσεται ἡ βασιλεία αὐτοῦ;
19a　καὶ εἰ ἐγὼ ἐν Βεελζεβοὺλ ἐκβάλλω τὰ δαιμόνια,

b　οἱ υἱοὶ ὑμῶν ἐν τίνι ἐκβάλλουσιν;

c　διὰ τοῦτο αὐτοὶ κριταὶ ἔσονται ὑμῶν.

20a　εἰ δὲ ἐν δακτύλῳ θεοῦ ἐγὼ ἐκβάλλω τὰ δαιμόνια,

b　その時、神の国はあなたがたのところに到来したのである。
23a　私に味方しない人は、私に反対する人であり、
b　私と共に集めない人は、まき散らすのである。」

Q 21　汚れた霊の逆戻り（Q 11:24-26）

24a　汚れた霊が人から出て行く時に、
b　水のない場所を行き巡り、
c　休む所を探し求めるが見つからない。
d　〔その時〕言う。「私が出て来た私の家に戻って来よう。」
25　そして、行くとそれが掃除され整頓されているのを見つける。
26a　その時、出かけて行って自分と共に
b　自分より悪い他の七つの霊を連れて来て、
c　入り込んでそこに住まう。
d　すると、その人の最後は、
e　最初より悪く成る。

b　ἄρα ἔφθασεν ἐφ’ ὑμᾶς ἡ βασιλεία τοῦ θεοῦ.

23a　ὁ μὴ ὢν μετ’ ἐμοῦ κατ’ ἐμοῦ ἐστιν,
b　καὶ ὁ μὴ συνάγων μετ’ ἐμοῦ σκορπίζει.

Q 21　汚れた霊の逆戻り（Q 11:24-26）

24a　ὅταν τὸ ἀκάθαρτον πνεῦμα ἐξέλθῃ ἀπὸ τοῦ ἀνθρώπου,
b　διέρχεται δι’ ἀνύδρων τόπων
c　ζητοῦν ἀνάπαυσιν καὶ οὐχ εὑρίσκει.
d　⟦τότε⟧ λέγει. εἰς τὸν οἶκόν μου ἐπιστρέψω ὅθεν ἐξῆλθον.

25　καὶ ἐλθὸν εὑρίσκει σεσαρωμένον καὶ κεκοσμημένον.

26a　τότε πορεύεται καὶ παραλαμβάνει μεθ’ ἑαυτοῦ
b　ἑπτὰ ἕτερα πνεύματα πονηρότερα ἑαυτοῦ
c　καὶ εἰσελθόντα κατοικεῖ ἐκεῖ.
d　καὶ γίνεται τὰ ἔσχατα τοῦ ἀνθρώπου ἐκείνου
e　χείρονα τῶν πρώτων.

（2）霊のしるし

Q 22　ヨナと人の子のしるし・南の女王とニネベの人々（Q 11:16, 29-30, 31-32）

16　〔だが〕ある人々が彼（イエス）からしるしを探し求めていた。

29a　そこで〔彼が〕……〔言った〕……。

b　「この時代は悪い時代……である。

c　しるしを探し求める（とは）。

d　しかし、ヨナのしるし以外にはしるしは与えられないであろう。

30a　すなわち、ヨナがニネベの人々にとってしるしとなったよう〔に〕

b　人の子〔も〕この時代に対して同じように成るであろう。

31a　南の女王はこの時代の裁きの時に甦り、

b　それを裁くであろう。

c　なぜならば、彼女は地の果てから来て

d　ソロモンの知恵を聞いたからである。

e　見よ、ここにソロモンより大きい方がいる。

32a　ニネベの男たちはこの時代の裁きの時に復活し、

b　それを裁くであろう。

c　なぜならば、彼らはヨナの宣教で悔い改めたからである。

d　見よ、ここにヨナより大きい方がいる。」

（2）霊のしるし

Q 22　ヨナと人の子のしるし・南の女王とニネベの人々（Q 11:16, 29-30, 31-32）

16　τινὲς ⟦δὲ⟧ ... ἐζήτουν παρ' αὐτοῦ σημεῖον.

29a　⟦ὁ⟧ δὲ ... ⟦εἶπεν⟧ ... .
b　ἡ γενεὰ αὕτη γενεὰ πονηρὰ ... ἐστιν.
c　σημεῖον ζητεῖ,
d　καὶ σημεῖον οὐ δοθήσεται αὐτῇ εἰ μὴ τὸ σημεῖον Ἰωνᾶ.

30a　⟦καθ⟧ ὡς γὰρ ἐγένετο Ἰωνᾶς τοῖς Νινευίταις σημεῖον,

b　οὕτως ἔσται ⟦καὶ⟧ ὁ υἱὸς τοῦ ἀνθρώπου τῇ γενεᾷ ταύτῃ.
31a　βασίλισσα νότου ἐγερθήσεται ἐν τῇ κρίσει
b　μετὰ τῆς γενεᾶς ταύτης καὶ κατακρινεῖ αὐτήν,
c　ὅτι ἦλθεν ἐκ τῶν περάτων τῆς γῆς
d　ἀκοῦσαι τὴν σοφίαν Σολομῶνος,
e　καὶ ἰδοὺ πλεῖον Σολομῶνος ὧδε.
32a　ἄνδρες Νινευῖται ἀναστήσονται ἐν τῇ κρίσει
b　μετὰ τῆς γενεᾶς ταύτης καὶ κατακρινοῦσιν αὐτήν,
c　ὅτι μετενόησαν εἰς τὸ κήρυγμα Ἰωνᾶ,

d　καὶ ἰδοὺ πλεῖον Ἰωνᾶ ὧδε.

Q23　ともし火と目（Q11:33, 34-35）

33a　誰もランプを灯して、〔隠れた所に〕置かない。
b　むしろランプ台の上に置く。
c　〔そして、家の中にいる人々すべてを照らし出す。〕
34a　体のランプは目である。
b　……あなたの目が健やかであれば、
c　あなたの体全体は光で輝いている。
d　……だが、あなたの目が悪ければ、
e　あなたの体全体は闇のように暗い。
35a　それ故、もしもあなたの中にある光が暗ければ、
b　その暗さはどれほどか。

Q23　ともし火と目（Q11:33, 34-35）

33a　οὐδεὶς καί<ει> λύχνον καὶ τίθησιν αὐτὸν ⟦εἰς κρύπτην⟧

b　ἀλλ’ ἐπὶ τὴν λυχνίαν,

c　⟦καὶ λάμπει πᾶσιν τοῖς ἐν τῇ οἰκίᾳ⟧.

34a　ὁ λύχνος τοῦ σώματός ἐστιν ὁ ὀφθαλμός.

b　...αν ὁ ὀφθαλμός σου ἁπλοῦς ᾖ,

c　ὅλον τὸ σῶμά σου φωτεινόν ἐστ ⟦ιν⟧.

d　...ὰν δὲ ὁ ἀφθαλμός σου πονηρὸς ᾖ,

e　ὅλον τὸ σῶμά σου σκοτεινόν.

35a　εἰ οὖν τὸ φῶς τὸ ἐν σοὶ σκότος ἐστίν,

b　τὸ σκότος πόσον.

（3）反対者への災いの言葉

Q 24　ファリサイ派・律法学者に対する災いの言葉

（Q11:42, 39, 41, 43-44, 46, 52, 47-48）

42a　あなたがたファリサイ派の人々は災いである。
b　あなたがたはミントやイノンドやクミンの 10 分の 1 を献げるが、
c　裁きや憐れみや信仰を〔疎んじる〕からである。
d　だが、これらは行なわなければならないが、それらも〔疎んじ〕てはならない。
39b　あなたがたファリサイ派の人々〔は〕災いである。
c　あなたがたは杯や皿の外側を清めるが、

d　内側は貪欲と放縦に満ちて〔いる〕からである。
41a　杯の内側を〔清めなさい〕、
b　……そして……その外側は清い。……
43a　あなたがたファリサイ派の人々は災いである。
b　あなたがたは〔宴会では上席を〕、
c　〔また〕会堂では上座を、
d　広場では挨拶を好むからである。
44a　あなたがた〔ファリサイ派の人々〕は災いである。
b　あなたがたはまだ何も記されていない墓〔のよう〕で、
c　その上を歩く人々は（それを）知らないからである。
46a　〔また、〕あなたがた〔律法学者〕たちは災いである。
b　あなたがたは重荷を〔負わせ〕、

（3）反対者への災いの言葉

Q 24　ファリサイ派・律法学者に対する災いの言葉

（Q11:42, 39, 41, 43-44, 46, 52, 47-48）

42a οὐαὶ ὑμῖν ⟦τοῖς⟧ Φαρισαίοι ⟦ς⟧,

b ὅτι ἀποδεκατοῦτε τὸ ἡδύοσμον καὶ τὸ ἄνηθον καὶ τὸ κύμινον

c καὶ ⟦ἀφήκατε⟧ τὴν κρίσιν καὶ τὸ ἔλεος καὶ τὴν πίστιν.

d ταῦτα δὲ ἔδει ποιῆσαι κἀκεῖνα μὴ ⟦ἀφιέ⟧ναι.

39b οὐαὶ ὑμῖν, ⟦<τ>οῖ<ς>⟧ Φαρισαίοι ⟦<ς>⟧ ,

c ὅτι καθαρίζετε τὸ ἔξωθεν τοῦ ποτηρίου καὶ τῆς παροψίδος,

d ἔσωθεν δὲ γέμ ⟦ουσιν⟧ ἐξ ἁρπαγῆς καὶ ἀκρασίας.

41a ⟦καθαρίς<ατε>⟧ ... τὸ ἐντὸς τοῦ ποτηρίου,

b ... καὶ ... τὸ ἐκτὸς αὐτοῦ καθαρόν ... .

43a οὐαὶ ὑμῖν τοῖς Φαρισαίοις,

b ὅτι φιλ<εῖτε> ⟦τὴν πρωτοκλισίαν ἐν τοῖς δείπνοις

c καὶ⟧ τὴν πρωτοκαθεδρίαν ἐν ταῖς συναγωγαῖς

d καὶ τοὺς ἀσπασμοὺς ἐν ταῖς ἀγοραῖς.

44a οὐαὶ ὑμῖν, ⟦<τοῖς> Φαρισαίοι<ς>,⟧

b ὅτι ⟦ἐς⟧ τὲ ⟦ὡς⟧ τὰ μνημεῖα τὰ ἄδηλα,

c καὶ οἱ ἄνθρωποι οἱ περιπατοῦντες ἐπάνω οὐκ οἴδασιν.

46a ⟦καὶ⟧ οὐαὶ ὑμῖν τοῖς ⟦νομικ⟧ οῖς,

b ὅτι ⟦δεσμεύ⟧ <ετε> φορτία ...

c 〔人間の両肩の上に置くからである〕。
d 〔だが〕あなたがた自身が、あなたがたの指でそ
れらを〔動かそうとは〕〔し〕ない。
52a あなたがた〔律法学者〕たちは災いである。
bc あなたがたは〔人間の前で神の〕〔国を〕閉ざし
ているからである。
d あなたがた自身も入らず、
e 入りに来た人々が入ることを〔も〕許さ〔ない〕。
47a あなたがたは災いである。
b あなたがたは預言者たちの墓を建てているから
である。
c だが、あなたがたの父祖が彼らを殺したのである。
48 ……あなたがた自身で、あながたの父祖の子孫で
あることを証している。……

c ⟦καὶ ἐπιτίθ⟧ <ετε> ⟦ἐπὶ τοὺς ὤμους τῶν ἀνθρώπων⟧ ,

d αὐτοὶ ⟦δὲ⟧ τῷ δακτύλῳ ὑμῶν οὐ ⟦θέλ⟧ <ετε> ⟦κινῆσαι⟧ αὐτά.

52a οὐαὶ ὑμῖν τοῖς ⟦νομικ⟧ οἷς,

b ὅτι κλείετε ⟦τὴν βασιλείαν⟧ τ ⟦<οῦ θεοῦ>

c ἔμπροσθεν τῶν ἀνθρώπων⟧.

d ὑμεῖς οὐκ εἰσήλθατε

e ⟦οὐδὲ⟧ τοὺς εἰσερχομένους ἀφίετε εἰσελθεῖν.

47a οὐαὶ ὑμῖν,

b ὅτι οἰκοδομεῖτε τὰ μνημεῖα τῶν προφητῶν,

c οἱ δὲ πατέρες ὑμῶν ἀπέκτειναν αὐτούς.

48 ... μαρτυρ ⟦εῖτε ἑαυτοῖς ὅτι υἱοί⟧ ἐστε τῶν πατέρων ὑμῶν. ...

Q25　この時代に対する神の知恵（Q11:49-51）

49a　それゆえ、知恵も……言った。

b　「私は預言者や知恵ある人々を彼らの〔ところに〕派遣するであろう。

c　彼らは彼らの中の（ある人々）を殺害して迫害するであろう。

50a　預言者すべての血が求められた〔からである〕。

b　世界の創造の時以来流されてきた（血が）

c　この時代から（も求められる）。

51ab　アベルの血から祭壇や家の間で滅ぼされたゼカルヤの血に至るまで。

c　そうだ、あなたがたに言う。この時代から求められるであろう。」

Q25　この時代に対する神の知恵（Q11:49-51）

49a　διὰ τοῦτο καὶ ἡ σοφία .. εἶπεν.

b　ἀποστελῶ ⟦πρὸς⟧ αὐτοὺς προφήτας καὶ σοφούς,

c　καὶ ἐξ αὐτῶν ἀποκτενοῦσιν καὶ διώξουσιν,

50a　⟦ἵνα⟧ ἐκζητηθῇ τὸ αἷμα πάντων τῶν προφητῶν

b　τὸ ἐκκεχυμένον ἀπὸ καταβολῆς κόσμου

c　ἀπὸ τῆς γενεᾶς ταύτης,

51a　ἀπὸ αἵματος Ἅβελ ἕως αἵματος Ζαχαρίου

b　τοῦ ἀπολομένου μεταξὺ τοῦ θυσιαστηρίου καὶ τοῦ οἴκου.

c　ναὶ λέγω ὑμῖν, ἐκζητηθήσεται ἀπὸ τῆς γενεᾶς ταύτης.

Ⅳ　真の共同体

（1）告白について

Q26　告白と聖霊の助けについて（Q12:2-9）

2a　覆われているもので露わにされないものはなく、
b　隠されたもので知られるようにならないものはない。
3a　私があなたがたに暗闇の中で言うことをあなたがたは光の中で言い、
b　あなたがたが耳の中で聞くことを屋根の上で宣べ伝えるであろう。
4a　そして、体を殺す人を恐れてはならない、
b　魂を殺すことができないからである。
5b　だが、魂も体もゲヘナで滅ぼすことができる方を
a　あなたがたは恐れなさい。
6a　〔5〕羽の雀は、〔2〕アサリオンで売られているではないか。
b　しかし、それらの中の１羽ですら〔あなたがたの父〕の意思なしに地には落ちない。
7a　〔だが、〕あなたがたの髪の毛はすべて数えられ〔ている〕。
b　恐れてはならない。あなたがたは多くの雀より優っているからである。
8ab　人間の前で私〔について〕告白する人はすべて、

cd　天使たちの前で〔人の子〕も彼を告白する …

Ⅳ　真の共同体

（1）告白について

Q26　告白と聖霊の助けについて（Q12:2-9）

2a　οὐδὲν κεκαλυμμένον ἐστὶν ὃ οὐκ ἀποκαλυφθήσεται

b　καὶ κρυπτὸν ὃ οὐ γνωσθήσεται.

3a　ὃ λέγω ὑμῖν ἐν τῇ σκοτίᾳ εἴπατε ἐν τῷ φωτί,

b　καὶ ὃ εἰς τὸ οὖς ἀκούετε κηρύξατε ἐπὶ τῶν δωμάτων.

4a　καὶ μὴ φοβεῖσθε ἀπὸ τῶν ἀποκτε ⟦ν⟧ νόντων τὸ σῶμα,

b　τὴν δὲ ψυχὴν μὴ δυναμένων ἀποκτεῖναι.

5a　φοβεῖσθε δὲ. τὸν δυνάμενον

b　καὶ ψυχὴν καὶ σῶμα ἀπολέσαι ἐν τ<ῇ> γεέννῃ.

6a　οὐχὶ ⟦πέντε⟧ στρουθία πωλοῦνται ἀσσαρί ⟦ων δύο⟧ ;

b　καὶ ἓν ἐξ αὐτῶν οὐ πεσεῖται ἐπὶ τὴν γῆν ἄνευ τοῦ ⟦πατρὸς ὑμῶν⟧ .

7a　ὑμῶν ⟦δὲ⟧ καὶ αἱ τρίχες τῆς κεφαλῆς πᾶσαι ἠρίθμη ⟦μέναι εἰσίν⟧.

b　μὴ φοβεῖσθε. πολλῶν στρουθίων διαφέρετε ὑμεῖς.

8a　πᾶς ὃς ⟦ἂν⟧ ὁμολογής ⟦ῃ⟧ ἐν ἐμοὶ

b　ἔμπροσθεν τῶν ἀνθρώπων,

c　καὶ ⟦ ὁ υἱὸς τοῦ ἀνθρώπου⟧ ὁμολογής ⟦ει⟧ ἐν αὐτῷ

d　ἔμπροσθεν τῶν ἀγγέλων ...

9a　人間の前で私を否定する人は、
b　天使たちの前で否定〔される〕。

Q27　聖霊への冒瀆と助け（Q12:10-12）

10ab　人の子に反対する言葉を言う人は赦されるだろう。
cd　だが、聖なる霊に反対することを〔言う〕人は赦されないだろう。
11a　だが、彼らがあなたがたを会堂〔の中〕に導き入れる時に、
b　あなたがたは何をどう言おうかと思い煩うな。
12　〔聖なる霊〕が、その時刻にあなたがた〔が〕何を言うべきかを……〔教えるだろう〕からである。

9a ὃς δ’ ἂν ἀρνήσηταί με ἔμπροσθεν τῶν ἀνθρώπων,
b ἀρνη ⟦θήσεται⟧ ἔμπροσθεν τῶν ἀγγέλων ...

Q27　聖霊への冒瀆と助け（Q12:10-12）

10a καὶ ὃς ἐὰν εἴπῃ λόγον εἰς τὸν υἱὸν τοῦ ἀνθρώπου
b ἀφεθήσεται αὐτῷ.
c ὃς δ’ ἂν ⟦εἴπ⟧ ῃ εἰς τὸ ἅγιον πνεῦμα
d οὐκ ἀφεθήσεται αὐτῷ.
11a ὅταν δὲ εἰσφέρωσιν ὑμᾶς ⟦<εἰς>⟧ τὰς συναγωγάς,

b μὴ μεριμνήσητε πῶς ἢ τί εἴπητε.
12 ⟦τὸ⟧ γὰρ ⟦ἅγιον πνεῦμα διδάξει⟧ ὑμ ⟦ᾶς⟧ ἐν ...ῃ τῇ ὥρᾳ τί εἴπ<ητε>.

（2）思い煩いに関する説教

Q28　思い煩いに関する説教（Q12:22-31）

22a　それゆえ、私はあなたがたに言う。

b　「あなたがたの命のことで何を食べようか、

c　あなたがたの体のことで何を着ようかと思い煩うな。

23a　命は食べ物よりも大切であり、

b　体は着物よりも大切ではないか。

24a　カラスのことをよく考えてみなさい。

b　なぜならば、種も蒔かず、刈り取りもせず、

c　倉に集めもしない。

d　しかし、神はそれらを養ってくださる。

e　あなたがたは鳥たちよりもはるかに優っているではないか。

25a　あなたがたの中で誰が思い煩わったからといって、

b　自分の寿命に一日でも加えることができようか……。

26　また、着物についてなぜ思い煩うのか。

27a　野の花がどのように育〔つ〕かよく観て〔学び〕なさい。

b　働〔き〕もせず、紡〔ぎ〕もしない。

c　だが、私はあなたがたに言う。

d　あらゆる栄華を（極めた）ソロモンでさえ

e　これらの一つほどにも装っていなかった。

28a　今日は野にあって

b　明日は炉に投げ入れられる野の草でさえ、

c　神がこのように着飾ってくださる。

（2）思い煩いに関する説教

Q28　思い煩いに関する説教（Q12:22-31）

22a διὰ τοῦτο λέγω ὑμῖν.
b μὴ μεριμνᾶτε τῇ ψυχῇ ὑμῶν τί φάγητε,
c μηδὲ τῷ σώματι ὑμῶν τί ἐνδύσησθε.

23a οὐχὶ ἡ ψυχὴ πλεῖόν ἐστιν τῆς τροφῆς
b καὶ τὸ σῶμα τοῦ ἐνδύματος;
24a κατανοήσατε τοὺς κόρακας
b ὅτι οὐ σπείρουσιν οὐδὲ θερίζουσιν
c οὐδὲ συνάγουσιν εἰς ἀποθήκας,
d καὶ ὁ θεὸς τρέφει αὐτούς.
e οὐχ ὑμεῖς μᾶλλον διαφέρετε τῶν πετεινῶν;

25a τίς δὲ ἐξ ὑμῶν μεριμνῶν δύναται
b προσθεῖναι ἐπὶ τὴν ἡλικίαν αὐτοῦ πῆχυν ...;

26 καὶ περὶ ἐνδύματος τί μεριμνᾶτε;
27a κατα ⟦μάθε⟧ τε τὰ κρίνα πῶς αὐξάν ⟦ει⟧ .

b οὐ κοπι ⟦ᾷ⟧ οὐδὲ νήθ ⟦ει⟧ .
c λέγω δὲ ὑμῖν,
d οὐδὲ Σολομὼν ἐν πάσῃ τῇ δόξῃ αὐτοῦ
e περιεβάλετο ὡς ἓν τούτων.
28a εἰ δὲ ἐν ἀγρῷ τὸν χόρτον ὄντα σήμερον
b καὶ αὔριον εἰς κλίβανον βαλλόμενον
c ὁ θεὸς οὕτως ἀμφιέ ⟦ννυσιν⟧ ,

d　あなたがたははるかに優っているではないか、信仰の薄い人々よ。
29b　『私たちは何を食べよう〔か〕。〔あるいは〕何を飲もうか。〔あるいは〕何を装おう「か」』
a　と言って、思い煩うな。
30a　これらのものはすべて異邦人たちが切に求めているからである。
b　あなたがたの父はあなたがたがこれらのもの〔すべて〕を必要としていることをご存知だ〔からである〕。
31a　だが、あなたがたは神の国を探し求めなさい。
b　これらのもの〔すべて〕はあなたがたに加えられるであろう。」

d οὐ πολλῷ μᾶλλον ὑμᾶς, ἀλιγόπιστοι;

29a μὴ ⟦οὖν⟧ μεριμνήσητε λέγοντες.

b τί φάγωμεν; ⟦ἤ⟧ . τί πίωμεν; ⟦ἤ⟧ . τί περιβαλώμεθα;
30a πάντα γὰρ ταῦτα τὰ ἔθνη ἐπιζητοῦσιν.

b οἶδεν ⟦γὰρ⟧ ὁ πατὴρ ὑμῶν ὅτι χρῄζετε τούτων ⟦ἁπάντων⟧.

31a ζητεῖτε δὲ τὴν βασιλείαν αὐτοῦ,
b καὶ ταῦτα ⟦πάντα⟧ προστεθήσεται ὑμῖν.

（3）地の国についての譬え

Q29　天に宝を蓄える譬え（Q12:33-34）

33a　むしろ、あなたがたの宝を天〔に〕積みなさい。
b　そこは虫によってもサビによっても朽ち果てず、
c　盗人たちが壁に穴を掘って盗み出せないところである。
34a　なぜならば、あなたの宝があるところに、
b　あなたの心があるからである。

Q30　家の主人と盗人の譬え（Q12:39-40）

39a　だが、あなたがたは〔次のこと〕を知りなさい。
b　もしも家の主人は盗人がいつ来るのかを知っていれば、
c　彼の〔家の壁〕に穴を掘ら〔させ〕ないであろう。
40a　あなたがたは備えを成していなさい。
b　人の子はあなたがたが思いもかけない時刻に来るからである。

（3）地の国についての譬え

Q29　天に宝を蓄える譬え（Q12:33-34）

33a　θησαυρίζετε δὲ ὑμῖν θησαυρο... ἐν οὐραν ⟦ῷ⟧ ,
b　ὅπου οὔτε σὴς οὔτε βρῶσις ἀφανίζει
c　καὶ ὅπου κλέπται οὐ διορύσσουσιν οὐδὲ κλέπτουσιν.

34a　ὅπου γάρ ἐστιν ὁ θησαυρός σου,
b　ἐκεῖ ἔσται καὶ ἡ καρδία σου.

Q30　家の主人と盗人の譬え（Q12:39-40）

39a　⟦ἐκεῖν⟧ ο δὲ γινώσκετε
b　ὅτι εἰ ᾔδει ὁ οἰκοδεσπότης ποίᾳ φυλακῇ ὁ κλέπτης ἔρχεται,
c　οὐκ ἂν ⟦εἴας⟧ εν διορυχθῆναι τὸν οἶκον αὐτοῦ.
40a　καὶ ὑμεῖς γίνεσθε ἕτοιμοι,
b　ὅτι ᾗ οὐ δοκεῖτε ὥρᾳ ὁ υἱὸς τοῦ ἀνθρώπου ἔρχεται.

Q31　忠実な僕と不忠実な僕の譬え話（Q12:42-46）

42a　それでは、忠実で〔また〕賢い僕は誰か。
b　主人に家の者たちの管理を委ねられ、
c　定められた時刻に彼らに食事を与える人とは。
43b　主人が来た時にこのようにしているのを見られる。
a　このような僕は幸いである。
44a　〔まことに〕あなたがたに言う、
b　彼は自分の財産すべてを彼に委ねるであろう。

45a　だが、もしもその僕が心の中で、
b　「私の主人は遅れて来る」と言って、
c　〔彼の仲間の僕たち〕を殴りつけ始めて、
d　酒飲み〔たち〕と飲〔み〕食〔い〕するならば、
46ab　その僕の主人は予期せぬ日に知らぬ時刻にやって来て、
c　彼を厳しく罰し、
d　彼の受ける分を不忠実な人々の分と共に仕分けるであろう。

Q31　忠実な僕と不忠実な僕の譬え話（Q12:42-46）

42a　τίς ἄρα ἐστὶν ὁ πιστὸς δοῦλος ⟦καὶ⟧ φρόνιμος

b　ὃν κατέστησεν ὁ κύριος ἐπὶ τῆς οἰκετείας αὐτοῦ

c　τοῦ δο ⟦ῦ⟧ ναι ⟦αὐτοῖς⟧ ἐν καιρῷ τὴν τροφήν;

43a　μακάριος ὁ δοῦλος ἐκεῖνος,

b　ὃν ἐλθὼν ὁ κύριος αὐτοῦ εὑρήσει οὕτως ποιοῦντα.

44a　⟦ἀμὴν⟧ λέγω ὑμῖν

b　ὅτι ἐπὶ πᾶσιν τοῖς ὑπάρχουσιν αὐτοῦ καταστήσει αὐτόν.

45a　ἐὰν δὲ εἴπῃ ὁ δοῦλος ἐκεῖνος ἐν τῇ καρδίᾳ αὐτοῦ.

b　χρονίζει ὁ κύριός μου,

c　καὶ ἄρξηται τύπτειν τοὺς ⟦συνδούλους αὐτοῦ⟧ ,

d　ἐσθί ⟦ῃ⟧ δὲ καὶ πίν ⟦ῃ μετὰ τῶν⟧ μεθυ ⟦όντων⟧ ,

46a　ἥξει ὁ κύριος τοῦ δούλου ἐκείνου

b　ἐν ἡμέρᾳ ᾗ οὐ προσδοκᾷ καὶ ἐν ὥρᾳ ᾗ οὐ γινώσκει,

c　καὶ διχοτομήσει αὐτὸν

d　καὶ τὸ μέρος αὐτοῦ μετὰ τῶν ἀπίστων θήσει.

（4）分裂と和解について

Q32　分裂について（Q12:49, 51, 53）

49　〔« 私は地上に火を投じるために来たのである、既
に火が灯されていたならばといかに願うことか。
»〕
51a　あなたがたは私が地上に平和を投じるために来
たと〔思って〕いる。
b　平和ではなく、むしろ剣を投じるために来たのだ。
53a　なぜならば、私は対立させるために来たからであ
る。
息子が父に〔対して〕、
b　娘が母に〔対して〕、
c　嫁が姑に〔対して〕。

旧約聖書の引用：12:53abc, ミカ書 7:6a.

（4）分裂と和解について

Q32　分裂について（Q12:49, 51, 53）

49　⟦«πῦρ ἦλθον βαλεῖν ἐπὶ τὴν γῆν, καὶ τί θέλω εἰ ἤδη ἀνήφθη.»⟧

51a　⟦δοκεῖ⟧ τε ὅτι ἦλθον βαλεῖν εἰρήνην ἐπὶ τὴν γῆν;

b　οὐκ ἦλθον βαλεῖν εἰρήνην ἀλλὰ μάχαιραν.

53a　ἦλθον γὰρ διχάσαι ***υἱὸν*** ⟦κατὰ⟧ ***πατρ*** ⟦ὸς⟧

b　⟦καὶ⟧ ***θυγατέρα*** ⟦κατὰ⟧ τῆ ⟦ς⟧ ***μητρ*** ⟦ὸς⟧ ***αὐτῆς,***

c　⟦καὶ⟧ ***νύμφην*** ⟦κατὰ⟧ τῆ ⟦ς⟧ ***πενθερᾶ*** ⟦ς⟧ ***αὐτῆς.***

Q33　時のしるしの譬え（Q12:54-56）

〔54〕a〔……夕方になって、あなたがたは言う。
b　（明日は）好天だ。なぜならば空が夕焼けだからである。〕
〔55〕a〔明け方に、（あなたがたは言う）
b　今日は悪天候だ。なぜならば空が暗く朝焼けだからである。〕
56a　〔あなたがたは空模様を見分けることを知っているのに、
b　瞬時を（見分けることが）できないのか。〕

Q34　和解について（Q12:58-59）

58a　……〔まで〕あなたに反対する人と共に行く道の途上で、
b　彼と和解することに努めなさい。
c　〔反対する人が〕あなたを裁判官に、
d　裁判官が下役に引き渡し、
e　〔下役があなたを〕獄に投〔げ〕入〔れ〕ないためである。
59a　私はあなたに言う、あなたは決してそこから出て来られない。
b　終いの〔１クァドランス〕を支払うまでは。

Q33　時のしるしの譬え（Q12:54-56）65

⟦54⟧a ⟦… ὀψίας γενομένης λέγετε.

b　εὐδία, πυρράζει γὰρ ὁ οὐρανός.⟧

⟦55⟧a ⟦καὶ πρωΐ.

b　σήμερον χειμών, πυρράζει γὰρ στυγνάζων ὁ οὐρανός.⟧

56a　⟦τὸ πρόσωπον τοῦ οὐρανοῦ οἴδατε διακρίνειν,

b　τὸν καιρὸν δὲ οὐ δύνασθε;⟧

Q34　和解について（Q12:58-59）

58a　⟦ἕως ὅτου⟧ … μετὰ τοῦ ἀντιδίκου σου ἐν τῇ ὁδῷ,

b　δὸς ἐργασίν ἀπηλλάχθαι ἀπ’ αὐτοῦ,

c　μήποτέ σε παραδῷ ⟦ὁ ἀντίδικος⟧ τῷ κριτῇ

d　καὶ ὁ κριτὴς τῷ ὑπηρέτῃ

e　καὶ ⟦ὁ <ὑπηρέτης> σε⟧ β ⟦α⟧ λ ⟦εῖ⟧ εἰς φυλακήν.

59a　λέγω σοι, οὐ μὴ ἐξέλθῃς ἐκεῖθεν,

b　ἕως τὸ ⟦ν⟧ ἔσχατον ⟦κοδράντην⟧ ἀποδῷς.

（5）神の国についての譬え

Q35　からし種の譬えとパン種の譬え（Q13:18-21）

18a　神の国は何に似ているか、
b　それをどのように譬えようか。
19a　（それは）からし種に似ている。
b　人はそれを取り、自分の〔庭〕に蒔く。
c　すると成長して、樹木と成り、
d　空の鳥がその枝に巣をつくる。

20a　〔そして、再び〕
b　私は神の国を何に譬えようか。
21a　（それは）イースト菌に似ている。
b　女がそれを取って、3 サトンの小麦粉の中に混ぜる、
c　全体がイースト菌で膨らむまで。

旧約聖書の引用：13:19d , ダニエル書 4:9, 18, 詩編 104:12a（= LXX103:12a）.

（5）神の国についての譬え

Q35　からし種の譬えとパン種の譬え（Q13:18-21）

18a　τίνι ὁμοία ἐστὶν ἡ βασιλεία τοῦ θεοῦ

b　καὶ τίνι ὁμοιώσω αὐτήν;

19a　ὁμοία ἐστὶν κόκκῳ σινάπεως,

b　ὃν λαβὼν ἄνθρωπος ἔβαλεν εἰς ⟦κῆπ⟧ ον αὐτοῦ.

c　καὶ ηὔξησεν καὶ ἐγένετο εἰς δένδρον,

d　καὶ τὰ ***πετεινὰ τοῦ οὐρανοῦ κατεσκήνωσεν*** ἐν τοῖς κλάδοις αὐτοῦ.

20a　⟦καὶ πάλιν⟧.

b　τίνι ὁμοιώσω τὴν βασιλείαν τοῦ θεοῦ;

21a　ὁμοία ἐστὶν ζύμῃ,

b　ἣν λαβοῦσα γυνὴ ἐνέκρυψεν εἰς ἀλεύρου σάτα τρία

c　ἕως οὗ ἐζυμώθη ὅλον.

Q36　狭い門から入る譬え（Q13:24, 23, 25-27）

24a　あなたがたは狭い門から入りなさい。
b　多くの人々は入ることを探し求めているからである。
23　だが、〔それを《通って入って来る》人々は〕少ない。
25a　〔家の主人〕が〔立ち上が〕って
b　門〔を〕閉め〔る〕と、
c　〔あなたがたは外に立って門を叩き始めて〕
d　言う、「主よ、開けてください。」
e　するとあなたがたに答えて言う、「私はあなたがたを知らない。」
26a　その時、あなたがたは言い始める。
b　「私たちはあなたの前で飲み食いし、
c　あなたは広い通りで私たちを教えました。」
27a　すると彼はあなたがたにこう言うであろう。「私はあなたがたを知らない。
b　私から離れなさい、不法を働く人々よ。」

旧約聖書の引用：13:27b：詩篇 6:9.

Q36　狭い門から入る譬え（Q13:24, 23, 25-27）

24a　εἰσέλθατε διὰ τῆς στενῆς θύρας,

b　ὅτι πολλοὶ ζητήσουσιν εἰσελθεῖν

23　καὶ ὀλίγοι ⟦εἰσὶν οἱ <εἰσέρχοντες δι’> αὐτῆ̣<ς>⟧.

25a　ἀφ’ οὗ ἂν ⟦ἐγερθῆ̣⟧ ὁ ⟦οἰκοδεσπότης⟧

b　καὶ κλείς ⟦η̣ τ⟧ ἡ ⟦ν⟧ θύρα ⟦ν⟧

c　⟦καὶ ἄρξησθε ἔξω ἑστάναι καὶ κρούειν τὴν θύραν⟧

d　λέγοντες. κύριε, ἄνοιξον ἡμῖν,

e　καὶ ἀποκριθεὶς ἐρεῖ ὑμῖν. οὐκ οἶδα ὑμᾶς,

26a　τότε ἄρξεσθε λέγειν.

b　ἐφάγομεν ἐνώπιόν σου καὶ ἐπίομεν

c　καὶ ἐν ταῖς πλατείαις ἡμῶν ἐδίδαξας.

27a　καὶ ἐρεῖ λέγων ὑμῖν. οὐκ οἶδα ὑμᾶς.

b　***ἀπόστητε ἀπ’ ἐμοῦ ⟦οἱ⟧ ἐργαζόμενοι τὴν ἀνομίαν.***

Q37　東から西から来る宴会の譬え（Q13: 29, 28）

29　〔多くの人々が〕東からも西からもやって来て、

28a　アブラハムやイサクやヤコブと共に神の国で食卓につくであろう。
bc　だが、〔あなたがたは〕より外側の〔暗闇の中に〕追い出〔されるであろう〕。
d　そこには激しく泣く人と歯がみする人がいるであろう。

Q38　後になる者と先になる者（Q13:30）

30a　〔……最後の人々は最初になり、
b　最初の人々は最後に（なる）。〕

Q37　東から西から来る宴会の譬え（Q13: 29, 28）

29　⟦καὶ πολλοὶ⟧ ἀπὸ ἀνατολῶν καὶ δυσμῶν ἥξουσιν καὶ ἀνακλιθήσονται

28a　μετὰ Ἀβραὰμ καὶ Ἰσαὰκ καὶ Ἰακὼβ ἐν τῇ βασιλείᾳ τοῦ θεοῦ,

b　⟦ὑμ<εῖ>ς⟧ δὲ ἐκβλ ⟦ηθής<εσθε>

c　εἰς τὸ σκότος τὸ⟧ ἐξώ ⟦τερον⟧.

d　ἐκεῖ ἔσται ὁ κλαυθμὸς καὶ ὁ βρυγμὸς τῶν ὀδόντων.

Q38　後になる者と先になる者（Q13:30）

30a　⟦... ἔσονται οἱ ἔσχατοι πρῶτοι

b　καὶ οἱ πρῶτοι ἔσχατοι.⟧

（6）エルサレムに対する非難の言葉

Q39　エルサレムに対する非難の言葉（Q13:34-35）

34a 「エルサレムよ、エルサレムよ、（お前は）預言者を殺し、

b そこに派遣された人々を石打の刑にした。

de めん鳥がひなを翼の下に集めるやり方で、

c 私は何度もあなたの子らを集めようとしたが、

f あなたがたは（それを）望まなかった。

35a 見よ、あなたがたの家はあなたがたに見棄てられる。

b 私は……あなたがたに言う。あなたがたは決して私を知らない。

c **『主の御名によって来たるべき方に祝福あれ！』**とあなたがたが言う〔時がやって来る〕まで。」

旧約聖書の引用：13:35c：詩篇 118:26 (= LXX 117:26).

（6）エルサレムに対する非難の言葉

Q39　エルサレムに対する非難の言葉（Q13:34-35）

34a　Ἰερουσαλὴμ Ἰερουσαλήμ, ἡ ἀποκτείνουσα τοὺς προφήτας

b　καὶ λιθοβολοῦσα τοὺς ἀπεσταλμένους πρὸς αὐτήν,

c　ποσάκις ἠθέλησα ἐπισυναγαγεῖν τὰ τέκνα σου,

d　ὃν τρόπον ὄρνις ἐπισυνάγει τ ⟦ὰ⟧ νοσσία αὐτῆς

e　ὑπὸ τὰς πτέρυγας,

f　καὶ οὐκ ἠθελήσατε.

35a　ἰδοὺ ἀφίεται ὑμῖν ὁ οἶκος ὑμῶν.

b　λέγω … ὑμῖν, οὐ μὴ ἴδητέ με ἕως ⟦ἥξει ὅτε⟧ εἴπητε.

c　***εὐλογημένος ὁ ἐρχόμενος ἐν ὀνόματι κυρίου.***

V　弟子の生活

（1）弟子たること

Q40　低い人を高める（Q14:11/18:14b）

11a　〔自分自身を高くする人はすべて低くされ、
b　自分自身を低くする人は高くされるであろう。〕

Q41　大宴会の譬え話（Q14:16-17, 21-23）

16　ある人が〔大〕宴会を催して、〔多くの人々を招
いた。〕
17a　そして、彼の僕を〔宴会の時刻に〕派遣して、
b　招かれた人々に言った。
c　「来なさい。既に準備が整いました。」
18　……畑……
19？……
20？……
21a　《そして、〈　〉僕は、〈　〉その家の主人にこれ
らのことを……》
b　その時、主人は怒って僕に言った。
c　「道に出て行きなさい。
d　招いた人を多く見つけて
23c　私の家を満たすためである。」

V　弟子の生活

（1）弟子たること

Q40　低い人を高める（Q14:11/18:14b）

11a　⟦πᾶς ὁ ὑψῶν ἑαυτὸν ταπεινωθήσεται,

b　καὶ ὁ ταπεινῶν ἑαυτὸν ὑψωθήσεται.⟧

Q41　大宴会の譬え話（Q14:16-17, 21-23）

16　ἄνθρωπός τις ἐποίει δεῖπνον ⟦μέγα, καὶ ἐκάλεσεν πολλοὺς⟧

17a　καὶ ἀπέστειλεν τὸν δοῦλον αὐτοῦ ⟦τῇ ὥρᾳ τοῦ δείπνου⟧

b　εἰπεῖν τοῖς κεκλημένοις.

c　ἔρχεσθε, ὅτι ἤδη ἕτοιμά ἐστιν.

18　... ἀγρόν, ...

19? ...

20? ...

21a　«καὶ < > ὁ δοῦλος < > τῷ κυρίῳ αὐτοῦ ταῦτα.»

b　τότε ὀργισθεὶς ὁ οἰκοδεσπότης εἶπεν τῷ δούλῳ αὐτοῦ.

c　ἔξελθε εἰς τὰς ὁδοὺς

d　καὶ ὅσους ἐὰν εὕρ<ῃς> καλέσ<ον>,

23c　ἵνα γεμισθῇ μου ὁ οἶκος.

Q42　十字架を取って従うこと（Q14:26-27/17:33）

26a　父と母を憎まない〔人は〕

b　私の弟子となることはできない。

c　息子と娘を憎まない〔人は〕

d　私の弟子となることはできない。

27a　……自分の十字架を取って私に従わない人は、

b　私の弟子となることはできない。

33a　自分の命を見出〔そうとする人〕は

b　それを失い、

c　〔私のために〕自分の命を〔失う人〕は

d　それを見出すであろう。

Q43　塩気をなくした塩の譬え（Q14:34-35）

34a　塩は〔良い〕。

b　だがもしも塩が塩気をなくしたなら、何によって塩味を〔取り戻す〕のであろうか。

35a　それは地面にもごみ捨て場にも〔役に立た〕ず、

b　（人々は）外に投げ棄てる。

Q42　十字架を取って従うこと（Q14:26-27/17:33）

26a　⟦<ὅς>⟧ οὐ μισεῖ τὸν πατέρα καὶ τὴν μητέρα
b　οὐ <δύναταί εἶναί> μου <μαθητής>,
c　καὶ ⟦<ὅς>⟧ <οὐ μισεῖ> τ<ὸ>ν υἱὸν καὶ τ<ὴν> θυγατέρα
d　οὐ δύναται εἶναί μου μαθητής.
27a　… ὅς οὐ λαμβάνει τὸν σταυρὸν αὐτοῦ καὶ ἀκολουθεῖ ὀπίσω μου,
b　οὐ δύναται εἶναί μου μαθητής.
33a　⟦ὁ⟧ εὕρ ⟦ὼν⟧ τὴν ψυχὴν αὐτοῦ
b　ἀπολέσει αὐτήν,
c　καὶ ⟦ὁ⟧ ἀπολές ⟦ας⟧ τὴν ψυχὴν αὐτοῦ ⟦ἕνεκεν ἐμοῦ⟧
d　εὑρήσει αὐτήν.

Q43　塩気をなくした塩の譬え（Q14:34-35）

34a　⟦καλὸν⟧ τὸ ἅλας.
b　ἐὰν δὲ τὸ ἅλας μωρανθῇ, ἐν τίνι ⟦ἀρτυ⟧ θήσεται;

35a　οὔτε εἰς γῆν οὔτε εἰς κοπρίαν ⟦εὔθετόν ἐστιν⟧,
b　ἔξω βάλλουσιν αὐτό.

Q44　失われた羊の譬え（Q15:4-5, 7）

4a　あなたがたの誰かが100匹の羊を飼っていて、
b　そのうちの1匹を〔見失うと〕、
c　99匹を〔山に残して〕、
d　見失ったものを探し求めに行くのではないだろうか。
5　そしてもしもそれを見つけると、
7a　私はあなたがたに言う。
bc　「彼は迷わなかった99匹より、はるかにその1匹について喜ぶ。」

Q44　失われた羊の譬え（Q15:4-5, 7）

4a　τίς < > ἄνθρωπος ἐξ ὑμῶν < > ἔχ< > ἑκατὸν πρόβατα
b　καὶ ⟦ἀπολέσας⟧ ἓν ἐξ αὐτῶν,
c　οὐ ⟦χὶ ἀφής⟧ ει τὰ ἐνενήκοντα ἐννέα ⟦ἐπὶ τὰ ὄρη⟧
d　καὶ πορευ ⟦θεὶς ζητεῖ⟧ τὸ ⟦ἀπολωλός⟧;

5　καὶ ἐὰν γένηται εὑρεῖν αὐτό,
7a　λέγω ὑμῖν
b　ὅτι χαίρει ἐπ' αὐτῷ μᾶλλον
c　ἢ ἐπὶ τοῖς ἐνενήκοντα ἐννέα τοῖς μὴ πεπλανημένοις.

（2）弟子の信仰と生活倫理

Q45　神と富（Q16:13）

13a　「誰も二人の主人に仕えることはできない。
b　なぜならば、一方を憎み、他方を愛するだろうからである。
c　あるいは一方に忠誠を尽くし、他方を軽蔑するだろうからである。
d　あなたがたは神とマモンに仕えることはできない。

Q46　神の国（Q16:16）

16a　律法と預言者は、ヨハネ〔まで〕である。
b　その時から、神の国に力を尽くして入ろうとし、
c　力を尽くす人たちがそれを奪い取っている。

Q47　律法の一点一画（Q16:17）

17b　〔だが、〕天と地が過ぎ去る〔方が〕
c　律法の〔一点〕一画が〔廃れるよりも〕、
a　〔容易である〕。

Q48　離婚の禁止（Q16:18）

18a　自分の妻と離婚して〔別の女と結婚する〕人はすべて姦淫するのであり、
b　離婚された女と結婚する人も姦淫〔する〕のである。

（2）弟子の信仰と生活倫理

Q45　神と富（Q16:13）

13a　οὐδεὶς δύναται δυσὶ κυρίοις δουλεύειν.

b　ἢ γὰρ τὸν ἕνα μισήσει καὶ τὸν ἕτερον ἀγαπήσει,

c　ἢ ἑνὸς ἀνθέξεται καὶ τοῦ ἑτέρου καταφρονήσει.

d　οὐ δύνασθε θεῷ δουλεύειν καὶ μαμωνᾷ.

Q46　神の国（Q16:16）

16a　ὁ ... νόμος καὶ οἱ προφῆται ⟦ἕως⟧ Ἰωάννου.

b　ἀπὸ τότε ἡ βασιλεία τοῦ θεοῦ βιάζεται

c　καὶ βιασταὶ ἁρπάζουσιν αὐτήν.

Q47　律法の一点一画（Q16:17）

17a　⟦εὐκοπώτερον δέ ἐστιν

b　τὸν⟧ οὐρανὸ ⟦ν⟧ καὶ ⟦τὴν⟧ γῆ ⟦ν⟧ παρελθ ⟦εῖν

c　ἢ ἰῶτα ἓν ἢ⟧ μία ⟦ν⟧ κεραία ⟦ν⟧ τοῦ νόμου ⟦πεσεῖν⟧.

Q48　離婚の禁止（Q16:18）

18a　πᾶς ὁ ἀπολύων τὴν γυναῖκα αὐτοῦ ⟦καὶ γαμῶν <ἄλλην>⟧ μοιχεύει,

b　καὶ ὁ ἀπολελυμένην γαμῶν μοιχ ⟦εύει⟧.

Q49　躓きについ（Q17:1-2）

1a　躓きが来ることは避けられない。
b　しかしながら、それをもたらす人は災いである。
2d　これらの小さな人の１人を躓かすよりは、
b　その首の周りに挽き臼を巻きつけられて
ac　湖に投げ込まれてしまう方がましである。

Q50　赦しについて（Q17:3-4）

3a　もしもあなたの兄弟が〔あなたに対して〕罪を犯すならば、彼を非難しなさい、
b　またもしも〔悔い改めたら〕、彼を赦しなさい。
4a　またもしもあなたに対して１日に７度罪を犯すならば、
b　７度彼を赦しなさい。

Q51　信仰について（Q17:6）

6a　あなたがたがからし種ほどの信仰を持っているならば、
bc　この桑の木に『根を引き抜いて､湖の中に植われ』と言えば、
d　あなたがたに聞き従うであろう。」

Q49　躓きについ（Q17:1-2）

1a　ἀνάγκη ἐλθεῖν τὰ σκάνδαλα,

b　πλὴν οὐαὶ δι’ οὗ ἔρχεται.

2a　λυσιτελεῖ αὐτῷ

b　⟦εἰ⟧ λίθος μυλικὸς περίκειται περὶ τὸν τράχηλον αὐτοῦ

c　καὶ ἔρριπται εἰς τὴν θάλασσαν

d　ἢ ἵνα σκανδαλίσῃ τῶν μικρῶν τούτων ἕνα.

Q50　赦しについて（Q17:3-4）

3a　ἐὰν ἁμαρτήσῃ ⟦εἰς σὲ⟧ ὁ ἀδελφός σου, ἐπιτίμησον αὐτῷ,

b　καὶ ἐὰν ⟦μετανοήσῃ⟧, ἄφες αὐτῷ.

4a　καὶ ἐὰν ἑπτάκις τῆς ἡμέρας ἁμαρτήσῃ εἰς σὲ

b　καὶ ἑπτάκις ἀφήσεις αὐτῷ.

Q51　信仰について（Q17:6）

6a　εἰ ἔχετε πίστιν ὡς κόκκον σινάπεως,

b　ἐλέγετε ἂν τῇ συκαμίνῳ ταύτῃ.

c　ἐκριζώθητι καὶ φυτεύθητι ἐν τῇ θαλάσσῃ.

d　καὶ ὑπήκουσεν ἂν ὑμῖν.

（3）終末に関する説教

Q52　人の子の到来について（Q17: ⟦20-21⟧, 23-24, 37, 26-27, 30, 34-35）

20a 〔《だが、神の国はいつ来るのか、と尋ねられたので、
b 彼（イエス）は彼らに答えて言った。
「神の国は見える形で来るのではない。》〕
21a 〔……見よ、ここにある、あるいは……
b 《なぜならば、見よ、神の国はあなたがたの中にあるからである。》〕
23a もしも彼らが『見よ、荒野にある』とあなたがたに言うならば、『出て行くな』。
b 『見よ、彼は屋内にいる』（と言うならば）、『後を追うな』。
24a なぜならば、稲妻が東（の空）から出て来て、
b 西（の空）まできらめき渡るように、
c 〔その日には〕〔人の〕子も同じようになるであろう。
37 死体がある所に、はげ鷹が集まってくるであろう。
26a ノアの時に〔起こったように〕、
b 人の子〔の日に〕もこのようになるであろう。
27a 〔なぜならば、その時には〕
c ノアが箱舟に入る日まで、
b 食べたり飲んだりし、娶ったり娶られた〔りして〕、
d 洪水が来て、すべてが流されたからである。
30 人の子が現れる日にもこのようになるであろう。」

（3）終末に関する説教

Q52　人の子の到来について（Q17: ⟦20-21⟧, 23-24, 37, 26-27, 30, 34-35）

20a ⟦«ἐπερωτηθεὶς δὲ πότε ἔρχεται ἡ βασιλεία τοῦ θεοῦ

b ἀπεκρίθη αὐτοῖς καὶ εἶπεν. οὐκ ἔρχεται ἡ βασιλεία τοῦ θεοῦ μετὰ παρατηρήσεως,»⟧

21a ⟦... ἰδοὺ ὧδε ἤ. …

b «ἰδοὺ γὰρ ἡ βασιλεία τοῦ θεοῦ ἐντὸς ὑμῶν ἐστιν.»⟧

23a ἐὰν εἴπωσιν ὑμῖν. ἰδοὺ ἐν τῇ ἐρήμῳ ἐστίν, μὴ ἐξέλθητε.

b ἰδοὺ ἐν τοῖς ταμείοις, μὴ διώξητε.

24a ὥσπερ γὰρ ἡ ἀστραπὴ ἐξέρχεται ἀπὸ ἀνατολῶν

b καὶ φαίνεται ἕως δυσμῶν,

c οὕτως ἔσται ⟦ὁ⟧ υἱὸ ⟦ς⟧ τοῦ ἀνθρώπου ⟦ἐν τῇ ἡμέρᾳ αὐτοῦ⟧.

37 ὅπου τὸ πτῶμα, ἐκεῖ συναχθήσονται οἱ ἀετοί.

26a ...⟦καθὼς⟧ ... ⟦ἐγένετο ἐν τ⟧ αἶ ⟦ς⟧ ἡμέραι ⟦ς⟧ Νῶε,

b οὕτως ἔσται ⟦ἐν τ<ῇ> ἡμέρ<ᾳ>⟧ τοῦ υἱοῦ τοῦ ἀνθρώπου.

27a ⟦ὡς γὰρ ἦσαν ἐν ταῖς ἡμέραις ἐκείναις⟧

b τρώγοντες καὶ πίνοντες, γαμοῦντες καὶ γαμιζ ⟦οντες⟧,

c ἄχρι ἧς ἡμέρας εἰσῆλθεν Νῶε εἰς τὴν κιβωτόν,

d καὶ ἦλθεν ὁ κατακλυσμὸς καὶ ἦρεν ἅπαντας,

30 οὕτως ἔσται καὶ ᾗ ἡμέρᾳ ὁ υἱὸς τοῦ ἀνθρώπου ἀποκαλύπτεται.

34a　私はあなたがたに言う。
b　「〔畑に〕2人がいると、
c　1人（男性形）は取り上げられ、1人（男性形）は残される。
35a　粉を挽くために小屋に2人がいると、
b　1人（女性形）は取り上げられ、1人（女性形）は残される。」

34a λέγω ὑμῖν,
b ἔσονται δύο ⟦ἐν τῷ ἀγρῷ⟧,
c εἷς παραλαμβάνεται καὶ εἷς ἀφίεται.

35a δύο ἀλήθουσαι ἐν τῷ μύλῳ,
b μία παραλαμβάνεται καὶ μία ἀφίεται.

Q53　ムナの譬え話（Q19:12-13, 15-24, 26）

12　……ある人が旅に出ようとしていた。

13a　自分の10人の僕を呼んで、彼らに10ムナを与えて、

b　〔彼らに「私が出掛けている時に、あなたがたは商売しなさい」と言った〕。

15a　〔多くの時間を経て〕主人がかの僕たちのところに来て、

b　彼らと清算をした。

16a　初めの人が〔来て〕言った。

b　「主よ、あなたの1ムナを10ムナに増やしました。」

17a　すると彼に言った。

b　「よくやった、善い僕よ、僅かのものに忠実であったので、多くのものを任せよう。」

18a　〔二番目の〕人が来て言った。

b　「主よ、あなたの1ムナを5ムナにしました。」

19a　〔彼に〕言った。

b　「よくやった、善い僕よ、僅かのものに忠実であったので、多くのものを任せよう。」

20a　もう1人の僕が来て言った。

c　「主よ、あなたは蒔かない所から刈り取り、

d　散らさない所から集める

b　厳しい人であるのを〔知って〕、

21a　恐ろしく〔なって退いて〕、〔あなたのムナを地面の〕中に隠しました。

b　ご覧ください、あなたのものを持っています。」

22a　彼に言った。

Q53　ムナの譬え話（Q19:12-13, 15-24, 26）

12 ... ἄνθρωπός τις ἀποδημῶν

13a ἐκάλεσεν δέκα δούλους ἑαυτοῦ καὶ ἔδωκεν αὐτοῖς δέκα μνᾶς

b ⟦καὶ εἶπεν αὐτο<ῖ>ς. πραγματεύσασθε ἐν ᾧ ἔρχομαι⟧.

15a ... ⟦μετὰ⟧ ... ⟦πολὺν χρόνον⟧ ἔρχεται ὁ κύριος τῶν δούλων ἐκείνων

b καὶ συναίρει λόγον μετ’ αὐτῶν.

16a καὶ ⟦<ἦ>λθ<εν>⟧ ὁ πρῶτος λέγων.

b κύριε, ἡ μνᾶ σου δέκα προσηργάσατο μνᾶς.

17a καὶ εἶπεν αὐτῷ.

b εὖ, ἀγαθὲ δοῦλε, ἐπὶ ὀλίγα ἦς πιστός, ἐπὶ πολλῶν σε καταστήσω.

18a καὶ ἦλθεν ὁ ⟦δεύτερος⟧ λέγων.

b κύριε, ἡ μνᾶ σου ἐποίησεν πέντε μνᾶς.

19a εἶπεν ⟦αὐτ⟧ ῷ.

b ⟦εὖ, ἀγαθὲ δοῦλε, ἐπὶ ὀλίγα ἦς πιστός,⟧ ἐπὶ πολλῶν σε καταστήσω.

20a καὶ ἦλθεν ὁ ἕτερος λέγων.

b κύριε, ⟦ἔγνων⟧ σε ὅτι σκληρὸς εἶ ἄνθρωπος,

c θερίζων ὅπου οὐκ ἔσπειρας

d καὶ συνάγων ὅθεν οὐ διεσκόρπισας,

21a καὶ φοβ ⟦ηθεὶς ἀπελθὼν⟧ ἔκρυψα ⟦<τὴν μνᾶν> σου⟧ ἐν ⟦τῇ γῇ⟧.

b ἴδ ⟦ε⟧ ἔχεις τὸ σόν.

22a λέγει αὐτῳ.

b 「悪い僕よ、

c 私が蒔かない所から刈り取り、

d 散らさない所から集めることを知っていたのか。

23a 〔それでは、あなたは〕私のお金を

b 銀行に〔預けておかなければならなかった〕。

c そうすれば、私が行って利子と共に私のものを払い戻せただろう。

24a あなたがたは彼からその1ムナを取り上げて、

b 10ムナ持っている人に与えなさい。」

26a 〔なぜならば、〕持っている人にすべて与えられるであろう。

b だが、持っていない人は、彼が持っているものさえも取り上げられるであろう。

Q54　イスラエルに対する裁き（Q22:28, 30）

28 あなたがた……私に従う人々は、

30a ……王座〔に〕座り、

b イスラエルの12部族を裁くであろう。

b　πονηρὲ δοῦλε, ᾔδεις

c　ὅτι θερίζω ὅπου οὐκ ἔσπειρα

d　καὶ συνάγω ὅθεν οὐ διεσκόρπισα;

23a　⟦ἔδει σε οὖν βαλεῖν⟧ τ ⟦ὰ⟧ ἀργύρι ⟦ά⟧ μου

b　⟦τοῖς⟧ τραπεζ ⟦ίταις⟧,

c　καὶ ἐλθὼν ἐγὼ ἐκομισάμην ἂν τὸ ἐμὸν σὺν τόκῳ.

24a　ἄρατε οὖν ἀπ’ αὐτοῦ τὴν μνᾶν

b　καὶ δότε τῷ ἔχοντι τὰς δέκα μνᾶς.

26a　τῷ ⟦γὰρ⟧ ἔχοντι παντὶ δοθήσεται,

b　τοῦ δὲ μὴ ἔχοντος καὶ ὃ ἔχει ἀρθήσεται ἀπ’ αὐτοῦ.

Q54　イスラエルに対する裁き（Q22:28, 30）

28　ὑμεῖς .. οἱ ἀκολουθήσαντές μοι

30a　... καθήσεσθε ἐπὶ θρόν ⟦ους⟧

b　κρίνοντες τὰς δώδεκα φυλὰς τοῦ Ἰσραήλ.

Q文書の研究史

1　はじめに

一九世紀以来Q文書は、ドイツ語の「資料」（原義は「泉」Quelle）の頭文字から〝Q〟と略され、長い間「資料」と呼び慣わされてきたが、一般的には「言葉資料」とも言われてきた。だが、最近では一方で、北米を中心にしてマタイ・マルコ・ルカ・ヨハネの「物語福音書」に対して「言葉福音書」（J・S・クロッペンボルグ他）と呼ぶ傾向があり、「第一福音書」（A・D・ヤコブセン）とか「失われた福音書」（B・マック）という表現を含めて、「福音書」と称する人々もいる。他方で、Qが文書資料ではなく口頭伝承であることを主張する少数の人々もいる（W・H・ケルバー、ジェームズ・D・G・ダン）。しかし、本書ではトマス福音書の発見以来、Qの文書性が明らかになってきており、また修辞学的特性などから見ても文書性は明らかであり、本書では「Q文書」と呼ぶ。以下、一八世紀末から二一世紀初頭の現在に至るまでのQ文書の研究史の概要を見渡してみよう。

2　共観福音書問題とQ

最初の三つの福音書（マタイ福音書、マルコ福音書、ルカ福音書）が、似ていると同時になぜ違うのか、という共観福音書問題は、一八世紀の難題であった。この問題を解決するために一つの福音書から多くの福音書に分かれたという**原福音書説**、諸断片の伝承を集めて綴ったという**断片説**、口頭伝承が筆記されたという**伝承説**、他の福音書を用いて書いたという**引用説**などの諸説が出されていた。引用説の中でも、マタイ福音書が最初に書かれ（マタイ優先説）、マルコ福音書はマタイ福音書を要約し、マタイ福音書とルカ福音書の後に書かれた、という**グリースバッハ説**は一八世紀末には影響力があった。

一九世紀に入って一八三五年にカール・ラッハマンはマタイ福音書とルカ福音書がマルコ福音書を用いて書かれたという**マルコ優先説**を主張した。さらに一八三八年に、クリスチャン・ヴィルケとクリスチャン・ヴァイセは互いに独立して、マタイ福音書とルカ福音書はマルコ福音書の他に、両者は共通なイエスの「言葉資料」（ロギア）を用いたという**二資料説**を唱えた。「言葉資料」は最初「ロギア」（パピアス証言、エウセビウス『教会史』三・二九・一六）と呼ばれていたが、一八八〇年のシモンズの提案以来「**Q**」と呼ばれるようになった。一九世紀後半には、ハインリヒ・ホルツマンによって二資料説は確立し、次第に受け入れられていった。二〇世紀以降、二資料説はほとんどの研究者によって受け入れられている。しかし、時折グリースバッハ説の再来などが現れるが（Ｗ・Ｒ・ファーマー他）その度毎に批判の対象とされている（Ｃ・タケット他）。

3　テキスト再構築の試み

Ｑ文書のテキストを復元する本格的な探究は、一九〇七年にアドルフ・フォン・ハルナックによって始められた。その後、ジークフリート・シュルツ、アタナジウス・ポラーク、ヴォルフガンク・シェンク、ジョン・クロッペンボルグらによって試みられてきた。だが、一九八九年にジェームズ・ロビンソン、パウル・ホフマン、クロッペンボルグが中心メンバーとなって「国際Ｑプロジェクト」（ＩＱＰ）を立ち上げ、その膨大な研究成果により「ＩＱＰテキスト」が順次公表されてきた。またそれに基づいて、ロビンソン、ホフマン、クロッペンボルグが編集者として「ＩＱＰテキスト」を改訂したＱ決定版が「**Ｑ批評版**」（the Critical Edition of Q）である。

本書のテキスト作成にあたっては、「Ｑ批評版」と「ＩＱＰテキスト」を見開きで対比して検討し、基本的には「Ｑ批評版」に基づいている。本質的な議論でない些細な点では、Ｑ批評版に基づいていない点が若干ある（Q批評版との相違点は拙著『Q文書』一五－一九頁参照）。

4　資料の視点から

アドルフ・フォン・ハルナックはQ文書のテキストの再構成を最初に試みた。同時に、Q文書の語彙《ごい》、文法、文体などの文学的特徴の傾向を明らかにした。また、「それは何の脈絡も形式もない単なる言葉や演説の羅列ではない。むしろそれは始めと結びから終末論的説教に枠取られており、事柄と時系列的順序の間にはある定まった配列があり、その間に「イエスの教え」が挟まれている」ことを指摘した。また、「イエスの教え」が洗礼者ヨハネとイエスの終末論的説教に枠取られている点は、T・W・マンソンの『イエスの言葉』（一九三七年）にも見られる。

Q文書のテキストの配列について、ヴィンセント・テーラーは、一九五三年にルカ福音書の配列がQ文書のオリジナルの配列を原則的に保存していることを明らかにした。それ以来、Q文書の章節はルカ福音書の章節を用いて表記する慣わしとなった。

Q文書とマルコ福音書と重複する箇所に関しては、Q文書がマルコ福音書に依っている（ヴェルハウゼン）のではなく、マルコ福音書がQ文書に依っている（ハルナック）のでもない。両者が共通の伝承に依っているのである（R・ラウフェン）。だが、その中でもQ文書の方がマルコ福音書よりも古い発展段階を示しているのである（例、Q一〇・四、マルコ六・八―九参照）。

トマス福音書とQ文書の関係は、トマス福音書の中にはQ文書の伝承よりも古い伝承層があるという見方もあるが（ケスター）、トマス福音書は1世紀に書かれたQ文書の展開である（C・タケット、荒井献）。

5　文学様式の視点から

二〇世紀初頭に様式史を新約学に導入したルドルフ・ブルトマンは、最初にQ文書は、原始キリスト教共同体の形成と足跡を見る、唯一の窓と位置づけた。すなわち原始キリスト教は終末論的基調の中で誕生したが、やがて終末の遅延の問題にも直面し、神の国と現世（教会）の二重性の狭間の中で生きていると見た。またQ文書は原始キリスト教の産物であり、基本的に「鍵言葉」や同じテーマによって繋がれた通時的に集積された伝承であり、最終的な編集者の役割は極めて小さいと考えた。このような見方は、基本的には二〇世紀前半に支配的で、後に至るまで多大な影響を与えた。

ブルトマンは『共観福音書伝承史』の中で、Q伝承を基本的には「知恵の言葉（ロギア）」と「預言的・黙示的言葉」に分けた。これはその後の編集的な視点の研究に基本的な枠組みを提供した。

6　編集者の視点から

しかし、一九五〇年代に入ると福音書伝承の最終段階の編集者の役割を重視する編集史が台頭してきた。ハインツ・テートはQ文書が従来考えられてきたような復活信仰を補う倫理的勧告ではなく、「人の子」キリスト論とその権威を提示する、十字架・復活とは独立した宣教的指針（ケリュグマ）をもつことを明らかにした。また、一九六〇年代半ばにジェームズ・ロビンソンはQ文書の文学類型がトマス福音書と同様に「知恵の言葉」であると主張した。

これらと関連して、一九七〇年代にはディーター・リュールマンは、ブルトマンの伝承の「収集」（Sammlung）と「編集」（Redaktion）の区別の概念を採用して、「この時代」に対する敵対的なモティーフと「裁き」の宣言（Q三・七－九、一七、七・一八－三三、一一・一四－三二、三九－五二）は「編集」によるもので、それ以前の伝承の「収集」（Q六・二〇－四九、一一・三三－三六、一二・二－七、二二－三四）とは異なる層であり、また編集上の創作（Q一〇・一二、一一・三〇、五一、一一・一九？）があることも指摘した。

ジークフリート・シュルツは、「パレスティナのキリスト教」対「ヘレニズムのキリスト教」という地理的概念を用いて、パレスティナ・シリア周辺地域の預言者的・終末論的・熱狂的な最古層のケリュグマを抽出し、シリアのヘレニズム共同体のケリュグマの伝承から区別して伝承を二層に分けた。また、詳細は述べなかったが最終の編集を考えた。しかし、これはブルトマンのケリュグマの概念と地理的概念の中に留まっていた。

それに対してアーランド・ヤコブソンは、「**文学的統一性**」を基本にして内部構造の「不一致」の部分に注目して伝承と編集を区別し、三段階の編集を考えた。第一の「構成段階」の編集では、例えば洗礼者ヨハネとイエスを「知恵」の伝達者として並置し、第二の「中間段階」の編集では、例えば洗礼者ヨハネとイエスと区別し、第三の最終段階の編集で、誘惑物語などを追加したと考えた。そして、最古層ではイエスが「知恵」の伝達者であることを強調した（七・三一－三五、一一・四七－五一、一一・二九－三二、一三・三四－三五）。

また、一九八〇年代には、ディーター・ツェラーは、知恵の言葉による複合的な訓戒が七つあることを指摘した。すなわち、①敵対者に対する振舞（Q六・〔二〇－二三〕、二七－三三、三五c、三六—三八、四一—四二〔四三—四九〕)、②宣教者の振舞（一〇・二—八a、九—一一a、一二〔一六〕)、③祈りについて（一一・〔二—四〕、九—一三)、④迫害時の振舞（一二・〔二—三〕、四—九〔一〇〕)、⑤所有に対する態度（一二・二二—三一、三三—三四)、⑥目を覚ましていること（一二・〔三五—三七?〕、三九—四〇、四二—四六)、⑦終末への振舞（一七・二三—二四、三七、二六—二七、三〇、三四—三五）である。

ジョン・クロッペンボルグは、以上の編集史的研究を総合して、最古層にツェーラーの①から⑤とほぼ同様な知恵の言葉を想定したが、ツェーラーの黙示的・終末論的な言葉⑥⑦を⑥神の国に入る言葉群に差し替えた（Q^1)。すなわち、演説形式でキリスト教徒に向けて対内的に書かれた①イエスの宣教開始の説教（Q六・二〇b—二三b、二七—四九)、②弟子と派遣の説教（九・五七—六〇、〔六一—六二〕、一〇・二—11、一六、〔二三—二四?〕)、③祈りについて（一一・二—四、九—一三)、④恐れずに宣教する勧め（一二・二—七、一一—一二)、⑤思い煩いについて（一二・二二b—三一、三三—三四)、⑥狭い門（一三・二四、一四、二六—二七、一七・三三、一四・三四—三五）である。続いて、リュールマンらと同様に「裁き」の宣告や「この世代」に対する敵対的モティーフによる編集層（Q^2）を考えた。すなわち、クレイア形式でキリスト教徒以外に向けて対外的に書かれた①洗礼者ヨハネの悔い改めの説教（三・〔二—四〕、七—九、一六b—一七)、②百人隊長の僕の癒しと洗礼者ヨハネの問い合わせ（七・一－一〇、一八－二八、三一－三五、一六・一六）、③「この世代」との論争（一一・一四－二六、二九－三二、三三－三六、三九－五二）、④黙示的言葉（一七・二三、二四、二六－三〇、三四－三五、三七）である。これに、リュールマン、ヤコブソン、ツェーラーと同様に最後の段階で誘惑物語を加えたとしたが、それは伝記への道を歩み出したと考えた。

こうして、クロッペンボルグは、ロビンソンの「知恵の言葉」という曖昧な概念をさらに展開させて、Q文書の最古層は「**知恵の言葉の教え**」であることを明確にした。しかし、それはどのような内部のミクロ構造をもち、どのようなマクロ構造の中に置かれているのだろうか。

「知恵の言葉の教え」の内部構造については、ロナルド・パイパーが、「求めについて」（Q一一・九－一三）、「思い煩いについて」（Q一二・二二－三一）、「裁きについて」（Q六・七－四二）、「木と実について」（Q六・四三－四五）、「告白について」（Q一二・二－九）の五例を「**二重の伝承の警告**」と称し、また似た構造の警告を分析した。その結果、これらには①一般的な勧めの言葉、②それを支持する格言、③しばしば二重の修辞疑問による新しいイメージの提供、④冒頭の一般的な勧めの言葉を特定の問題に具体化する結びの言葉で構成されていることを明らかにした。しかし、この五例の他にこの構造を指摘することができず、パイパーの構造分析は「知恵の言葉の教え」の一部しか解明できない限界があった。

以上はQ文書が、伝承の収集と編集作業の結果、いくつかの伝承・編集層が折り重なっていることを前提にした研究であった。しかし、佐藤研はこれらの見方とは異なって、単独の伝承がクラスター群を形成した後に、「編集A」「編集B」「編集C」の三段階の編集作業を経て、それらがルーズリーフ式ノートのように追加されて形成されたと考えた。

すなわち、「編集A」（Q三・〔二－四?〕、七－九、一六－一七、〔二一－二二〕、〔三・二一－二二〕、六・二〇b－四九、七・一－一〇、一八－二八）では、洗礼者ヨハネで「包摂」され（Q三・七－九、一六－一七、七・一八－二八）、その中には「来たるべき者」（三・一六、七・一九）、「荒野」（三・三、七・二四）、「神の国」（六・二〇b、七・二八）、「貧しい人」（六・二〇b、七・二二）などの対応関係が見られる。「編集B」（九・五七－六〇、一〇・二－一二、一六、二一、二三－二四）は、アポフテグマで「包摂」され（九・五七－五八、一〇・二一－二四）、弟子派遣の試みは感謝の祈りと対応し（一〇・五－六、九、一〇・二一）、「祝福の言葉」で結ばれる（一〇・二三－二四）。「編集A」にQ七・三一－三五が加えられると「人の子」（七・三四、九・五八）を介して「編集B」と結びつけられる。さらに「編集C」の特徴としてイスラエルの民全体に対する批判と裁きのモティーフと「神の知恵」のモティーフが見られ、奇跡を求める「この世代への批判」（一一・一四－三二）、「ファリサイ派・律法学者への災いの言葉」（一一・三九－五二）、「弟子たること」（一三・二三－三五）、「告白と思い煩いについて」（一二・二二－三四）、「人の子の到来について」（一七・二三－三七）などがその中に加えられていったと考えた。

また、佐藤はQ文書がミクロ構造を成す「告知文」「災いの言葉」「救いの言葉」「叱責の言葉」「禍の叫び」などに特徴づけられる「預言書」であると位置づけた。

編集史の時代にQ文書の核心は「知恵」か「預言」か、その文学類型は「知恵の言葉」（J・M・ロビンソン、クロッペンボルグ）か「預言書」（佐藤）か、と問われてきた。だが、クロッペンボルグに代表されるようにQ^{1}は知恵の言葉の層、Q^{2}は預言・黙示の言葉の層というように「知恵」と「預言」の伝承層を分けることはできない。Q文書には「知恵」と「預言」の両面が含まれているのである。さらに様式史・編集史の研究史が、原始キリスト教文学は「小文学」である、という一九世紀末のフランツ・オーファベックの文学観に規定されてきたことを一九九〇年代にアラン・カークは正しく指摘した。しかし、一九八〇年代以降には、例えば一方では福音書の文学類型（文学ジャンル）の問題ではギリシア・ローマの「大文学」と同じ文学類型が問われており、他方では文学スタイルや文学構造の問題で修辞学的批評が隆盛となってきており、問題意識を共有するにせよ、しないにせよ、新約聖書が教父文学と同様に「大文学」として取り扱われていることは、研究状況から見てもほぼ明らかである。

7　社会学・社会史の点から

社会学の視点で新約聖書を分析する**文学社会学**を導入する試みは、一九七三年にゲルト・タイセンが「放浪する旅人」の視点から解釈した論文「ワンダー・ラディカリズム」から始まった。最初期のキリスト教を形成したイエス運動が、Q文書の弟子派遣説教に見られるように、無一物に近い宣教者とそれを支援する信者によって構成されたカリスマ運動であることを明らかにしたのである。

さらに、タイセンはパレスティナの社会・政治史の中で、皇帝カリギュラ時代の紀元四〇年代に起きたローマの総督ペトロニウスによるエルサレム神殿に対する冒瀆という出来事によってQ文書が著作されたと位置付けた。これに対して、クロッペンボルグのQ文書形成された**三層説**（Q^{1}、Q^{2}、Q^{3}）を前提にしたミリコフスキーは、紀元六六―七〇年のユダヤ戦争期にQ文書は書かれたと位置付けた。しかし、この説は他の福音書で記されているユダヤ戦争を示唆する記述がQ文書には見られないので、年代設定としては遅すぎる。他方、リュールマンらはメシア称号「人の子」の形成過程段階などからQ文書の成立を紀元五〇年代から六〇年代に想定する。

また、ジョナサン・リードはQ文書に現れる地名の研究から、Q文書は社会地理学的に見てカファルナウムを中心にしたガリラヤ地方で都市化された農村地域の共同体から生み出され、その背景にはガリラヤとエルサレム、農村と都市の対立の構図があることを示唆した。リチャード・ホースレイは、この対立の構造は、支配者層の富者である土地所有者（ユダヤ教の権力者側と重なる）と被支配者層である貧者の小作農との対立という社会・経済的な社会層の違いによる対立の構図であることを明らかにした。

8　修辞学の視点から

一九八〇年代後半の研究では、編集史の研究でも「修辞疑問」「クレイア」「インクルーシオ」などの修辞学的概念が用いられていた。しかし、修辞学を意識したQ研究が一九九〇年代以降に二つ現れている。

第一は、アラン・カークである。カークはQ文書の核心を「**（知恵の）教えの演説**」と定義して、エジプト、旧約聖書、ギリシア・ローマ、ヘレニズム・ユダヤ教の知恵文学の「教えの演説」と比較する。そして、Q文書のミクロ構造である「教えの説教」十二か所を分析した結果、次のようにその構造を明らかにする。すなわち、①勧めや格言による教えの始め――しばしばその動機や理由の言葉を伴う、②比喩・修辞疑問・範例・勧め・神的宣告・格言などによる導入のテーマに対する議論、③一般論や抽象論から各論や具体論に進んでいく特定な状況への応用、④しばしば最初のテーマへ戻る「包摂」（inclusio）を用いた、勧め・格言・範例・約束などによる教えの結びである。

続いて、カークは古代の知恵文学の代表例の全体構造と比較しつつ、Q文書を構成する四つのブロック、①「宣教開始の説教」（三・七―九、一六―一七、二一―二二、四・一―一三、六・二〇b―四九、七・一―一〇、一八―三五）、②「宣教の指示」（九・五七―六〇、一〇・二―一六、二一―二二）、③「論争的説話」（一〇・二三―三四、一一・二―一三、一四―二三、二四―二六、二九―三五、三九―五二、一三・三四―三五）、④「終末論的説話」（一二・二―二二・三〇）のマクロ構造が、対称的な「**輪構造**」（リング・コンポジッション）すなわち「**キアスム的シンメトリー**」を成していると分析した。重要な点はQ文書全体にわたって「**演説**（speech）」と「**説話**（discourse）」という視点で、そのミクロ構造とマクロ構造を分析している点である。しかし、この分析ではまだ修辞学的概念を用いた分析が不徹底であると同時に、これらの各ブロックのマクロ構造の中でのミクロ構造との関係が不明確である。

第二は、ハリー・フレッダーマンである。フレッダーマンはQ文書の全体を①「**ヨハネとイエ**

ス」（三・七－七・三五）、②「弟子たち」（九・五七－一一・一三）、③「敵対者」（一一・一四－五二）、④「現在の神の国」（一二・二－一三・二一）、⑤「将来の神の国」（一三・二四－二二・三〇）の五つのブロックに分け、そのマクロ構造は①と③では「輪構造」（ABCB－A－ABA）を構成し、②では並置構造（1A2A1B2B）、④と⑤では「包摂」構造（ABB、CDD、A、ABCA）を構成するとした。また、従来から指摘されてきた「隠喩」「直喩」「クレイア」「並行法」などの修辞学的概念を用いる他に、著者に特有な概念である「圧縮」「反復」「数的パターン」「建築的構造（＝輪構造）」などを用いるがこれらはいずれも修辞学的概念ではなく、修辞学的分析としては徹底していない。

　以上から明らかなように、カークとフレッダーマンのQ文書全体のブロック分け（冒頭の第一ブロックを除く）とそのマクロ構造の分析は異なる。また、Q文書の修辞学的批評は手がつけられたばかりで、まだ本格的ではない。（Q文書への本格的な修辞学的分析は、拙著『Q文書――訳文とテキスト・注解・修辞学的研究』教文館、二〇一八年、「第二部 Q文書の注解」一四一―三〇一頁の各段落の「修辞学的分析」の項目、並びに「第三部 Q文書の修辞学的分析」三一九―四〇二頁を参照）

9　結びに

以上、約二〇〇〇年以上に及ぶQ文書の研究史の重要な局面を簡潔に展望してきた。歴史学の成立と共にその手法を取り入れて新約聖書学が成立し、一九世紀の共観福音書研究の資料研究の中からQ資料説が生まれた。その後、「小文学」に対する視点で視点伝承史手法を取り入れて、とりわけ編集史の研究が華やかな時代を迎えた。その時期は、想定されたものと類似のトマス福音書がエジプト・ナグハマディの砂漠の修道院跡近くから発見され、Q資料は仮説ではなくその存在が確実視され、Q文書やQ福音書とも呼ばれるようになった。一九八〇年代以降は、学際的な研究が活発になるのと応じて社会学的なアプローチ（社会学・社会史・社会人類学など）や文学的なアプローチ（修辞学、他）が取り入れられ、「大文学」に対する視点で新たな探求が始まっている。（本章で挙げた文献についての詳しい情報については、拙著『Q文書』「第三部　1　Q文書の研究史」三〇五─三二一八頁脚注を参照）。

イエス研究史

1　はじめに

新約聖書にはいくつもの謎がある。最大の謎は、「歴史的人物のイエスは一体どんな人であったか」である。この問題は「史的イエスの探究」と呼ばれてきた。一八九二年にドイツの神学者マルティン・ケラーは、一九世紀に著された数多くの「イエス伝」が描く「史的イエス」と、聖書が説く「信仰のキリスト」を区別し、前者は資料が不十分であり、それを補足する技術もなく、解決不可能であると断言した。すなわち、聖書は信仰によって書かれており、信仰の対象としてキリストを把握できるが、それを歴史的資料として用い、史的イエスを再構成することは不可能であると論じた（M・ケーラー「いわゆる史的イエスと歴史的＝聖書的キリスト」『現代キリスト教思想叢書』第二巻、白水社、一九七四年、所収）。

本書では、ケーラーに従って、歴史的人物である「イエス」と信仰の対象である「キリスト」とを区別し、以下では「イエス」とは「史的イエス」のことを意味する。だが、ケーラーとは反対に、現存する資料を駆使して史的イエスを捉えることが可能であるという立場を取り、その輪郭を探り求めることを目的とする。もしそれが可能であるならば、次に「史的イエス」がどのように「信仰のキリスト」へと変貌していったのか、という第二の謎に迫ることができよう。すなわち、ここでは主題と変奏の主題を求めることになる。

先に述べたケーラーの発言は、二〇世紀を刻印づける二つの研究、W・ヴレーデの『福音書におけるメシアの秘密』（一九〇一年）と一八、一九世紀の諸イエス伝を総決算したA・シュヴァイツァーの『イエス伝研究史』（一九〇六年、『シュヴァイツァー著作集』第一七、一八、一九巻、白水社、一九六〇、六一年）とともに、それ以前の「イエス伝」探究時代とは時代を画す。それは、とりわけ今世紀を代表するドイツの新約聖書学者ルドルフ・ブルトマンとブルトマン学派によって継承され、「史的イエスの探究は不可能である」という今世紀に多大な影響力をもった共通認識を形成した。しかし、一九世紀の楽観的な立場とは異なるが、ブルトマン学派の中からも史的イエスの「新しい探究」が再開された。だが、決定的ではなかった。ところがその後、ブルトマンとブルトマン学派の影響力が弱くなるのと呼応して、主にアメリカで様々な史的イエスを再構成する著作が次々と著された。「第三の探究」の始まりである。以下では、「イエスとは誰か」を探り求める前に、一八世紀から二〇世紀末に至るまでのイエス研究の歴史を五つの段階を追って、簡単に整理して回顧する。

2　イエス伝探求の時代（一八世紀～二〇世紀初頭）

史的イエスに対する関心が起きたのは、一八世紀の啓蒙時代である。それ以前にも宗教改革の一六世紀以降に聖書を批判的に読む関心が度々起きたが、部分的であり組織的ではなかった。教義学の説く「キリスト」から解放されて、歴史学の視点で「イエス」を最初に探究したのは、ドイツの啓蒙主義者ライマールスである。ライマールスは生前に出版を意図せず、没後にレッシングが『ヴォルフェンビュッテル断片』（一七七四―一七七八年）として世に問うた。その第七断片「イエスとその弟子の意図に関して」という小著に、その後二〇〇年余りに展開されるイエス研究の重要な萌芽が含まれている。その頃、合理主義的な立場や超自然主義的な立場からイエス伝が多く書かれたが、イエス研究の出発点となり、後に展開される様々な主題を含んでいるのはライマールスのイエス伝である。

　ライマールスを再発見し、その批判的精神を継承し徹底させたのはシュトラウスである。シュトラウスは奇跡や復活を合理的に解釈する合理主義的な立場も、それらを敬虔に信じる超自然主義的な立場も取らずに、神話論的解釈という第三の道を選ぶ。すなわち、福音書の中で「詩と真実」を描きわけ、「詩」にあたる叙述が神話論的にどのように発生してきたかを考察する。シュトラウスは弱冠二〇代で一五〇〇頁にも及ぶ大著『イエス伝』（一八三二―一八三三年。『イエスの生涯Ⅰ・Ⅱ』、教文館、一九九六年）を出版したが、その後の激しい非難と論争の渦の中で、大学職も牧師職も失い、恵まれない生涯を送った。しかし、その博識ぶりと透徹した論理は、シュトラウスの師F・C・バウルが指摘した通り、師をも時代をも遥かに凌いでいる。ただし、シュトラウスはバウルと同じくヘーゲルの観念論の立場に立っているので、批判的な破壊に対応する建設的な具体案は期待できない。その後、自由主義的、ロマン主義的（ルナン『イエス伝』〔岩波文庫、一九四一年〕に代表される）、心理主義的なイエス伝が次々と書かれるが、シュトラウスに優るイエス伝は見当たらない。

　その間の一九世紀の間に、イエス研究の資料となる福音書を巡って、今日に至るまで揺らぐことのない重要な共通認識が形成された。**第一**に、共観福音書（マタイ、マルコ、ルカ）とヨハネ福音書の関係である。両者は別の伝承によるものであり、共観福音書の方がヨハネ福音書よりも早く書かれ、内容面でもイエス研究の資料として遥かに信頼できると見做された。**第二**に、共観福音書の中では、アウグスティヌス以来の伝統的な見解に従ったグリースバッハによるマタイ福音書が先に書かれたという説（マタイ優先説）とは異なり、ホルツマンによってマルコ福音書が最初に書かれたことが認められた。また、イエスの中心思想は「神の国」で、それは「貧しい人々」のものであった（Q六・二〇－二三）。イエスは一方では「神の国は近づいた」（Q一〇・九）と述べて、洗礼者ヨハネの徹底した終末論と悔い改めの思想（Q三・七－九、一七）を受け継いだ。他方では、洗礼者ヨハネとは異なり、「神の国」が「目に見えない形で」（Q一七・二〇－二一）既に到来しており（Q一三・一八、二〇）、人々が「力を尽くして入ろうとしている」（Q一六・一六）と見た。そこでは、正義に基づいた「裁き」ではなく、赦しに基づいた「愛の精神」が支配し、それを徹底させた「愛敵の精神」（Q六・二七－三二、三四－三六）に特徴がある。イエスの中心思想は「神の国」である。それは「貧しい人々」のものである（Q六・二〇－二三）。さらにマタイ福音書とルカ福音書の間には「Q資料」と呼ばれるイエスの語録集が共通に存在し、両者はマルコ福音書とQ資料とを用いて書かれたことが認められた（**二資料説**）。

二〇世紀の初頭に、先に述べたようにその後のイエス研究の潮流を決定する二つの重要な研究が著された。ヴレーデの『マルコ福音書におけるメシアの秘密』（一九〇一年）とシュヴァイツァーの『イエス伝研究史』（一九一三年、『シュヴァイツァー著作集』第一七―一九巻、白水社、一九六〇―六一年）である。一方で、ヴレーデはその当時までに福音書の中で最も古く資料的に価値があると認められたマルコ福音書が、とりわけ奇跡の前後に「メシアの秘密」という沈黙を命じるモティーフを巡って、それはイエスの伝記的資料ではなく、マルコの神学的モティーフである、という結論に達した。こうして、復活前のイエスと後の弟子たちとの不連続性というライマールスの視点を徹底させた。他方で、シュヴァイツァーは、前世紀末に書かれたヨハネス・ヴァイスの『イエスの神の国の宣教』（一八九二年）とともに、ライマールスの思想を再発見し、イエスの中心的な概念である「神の国」をユダヤ教の黙示思想に位置づけた。すなわち、当時ドイツで主流であった文化的プロテスタンティズム（ハルナック『基督教の本質』〔岩波文庫、一九三九年〕に代表される）の「神の国」理解とは全く対立する解釈を示した。そして、イエスは「徹底した終末論」を懐いていたが、それが実現せずに挫折した、という有名なテーゼを提出した（シュヴァイツァー『イエスの生涯』岩波文庫、一九五七年）。これもライマールスの考えの敷衍《ふえん》化である。前者（「ヴレーデ・シュトラーセ」）は徹底した歴史的懐疑主義でありドイツ語圏で継承され、後者（「シュヴァイツァー・シュトラーセ」）は徹底した歴史主義であり主として英語圏で影響を与え、二〇世紀が展開された（本節の詳細は、拙論「第三章　聖書学の黎明期・ライマールスからヴレーデまで」『イエス研究史』日本キリスト教団出版局、一九九八年、参照）。

3　無探究時代（二〇世紀前半）

前節で述べたように、二〇世紀のイエス研究は、シュヴァイツァーの『イエス伝研究史』とヴレーデの『メシアの秘密』の両著によって始められた。両著作は一九世紀の自由主義的ないしはロマン主義的な夥しいイエス伝研究に終止符を打ち、時代を画することになった。さらに、二〇世紀の初頭には、古代の周辺のヘレニズム世界やユダヤ教を始めとするオリエント世界の宗教と比較する宗教史学派が台頭してきたが、二〇世紀前半のイエス研究を決定づけたのは、ドイツのルドルフ・ブルトマンである（宗教史学派のイエス研究については、佐藤研「第五章　宗教史学派のイエス像」、『イエス研究史』、参照）。

ブルトマンは宗教史学派の影響で新約聖書の研究を始めたが、とりわけH・グンケルが旧約学で始めた「**様式史**」を福音書研究に取り入れ、またヴレーデの徹底した懐疑主義の影響を受けて、一九二一年に大著『共観福音書伝承史』（『ブルトマン著作集』第一、二巻、新教出版社、一九八三、八七年）を著した。そこでは、マルコ、マタイ、ルカという三つの共観福音書が書かれる以前の口頭伝承である共観福音書伝承を、イエスの言葉伝承とイエスの物語伝承に大別し、さらにそれらをいくつかの伝承の様式に分類し、伝承の形成と編集を跡付ける詳細な研究を行ない、それらの伝承の様式が形成された「**生活の座**」を探究した。

このような「様式史」は、二〇世紀前半から半ばまでの新約学の方法論を決定づけた。それは、共観福音書の伝承の枠組と伝承そのものを区別し、枠組そのものは福音書の著者の編集的な意図に帰されることを明らかにした。それはK・L・シュミットの『イエス伝承史の枠組』（一九一九年）やブルトマンとは異なった伝承の様式と方法論を用いたM・ディベリウスの『福音書の様式史』（一九一九年、日本キリスト教団出版局、二〇二二年）と共に、「様式史」の古典的な著作と称される（様式史学派のイエス研究については、小河陽「第六章　様式史学派のイエス研究」、『総説イエス研究史』、参照）。

ブルトマンは『共観福音書伝承史』の中で、客観的な事実で成り立つ「歴史」（ヒストーリア）と内面的な意味に係わる「実存史」（ゲシヒテ）を俊別する。すなわち、イエスに関する客観的な「歴史」については問うことはできないが、自分の存在や経験と係わる内面的な「実存史」について問うことができる、という立場を貫く。これはシュトラウスやヴレーデを経て継承された、絶対的な信仰を相対的な歴史に根拠づけることができない、というレッシングの立場を実存主義の哲学で裏打ちして表明するのである。それは、『存在と時間』（一九二七年、岩波文庫、一九六〇

―六三）に纏め上げられたM・ハイデッガーの実存主義哲学の影響や、K・バルトの『ローマ書』（一九一九年、新教出版社、一九六七年）などによって始まる弁証法神学の影響の下で、一九二六年に書かれたブルトマンの『イエス』（未来社、一九六三年）の中で、さらに明確に表明される。

ブルトマンは『イエス』の中で、「イエスの生涯と人となりについてほとんど何も知ることができない」と主張する。その理由は、「キリスト教側の史料はそのような興味を持たなかった上に、非常に断片的であって伝説に覆われているからであり、さらにイエスに関する他の史料は存在しないからである。われわれがイエスについて知り得るのは、イエスの宣教についてであり、しかもその伝承の最古層はエルサレムの原始教団の伝えたものであり、そこにおいても必ずしも全てがイエスの言葉であるとは限らない」と言う。すなわち、歴史との対話で出会うのは、告知される「宣教の言葉」（ケリュグマ）としてのキリストである。このように、ブルトマンは史的イエスへの探究を断念し、イエスの宣教の言葉と洗礼と聖餐で出会う信仰の対象としてのキリストを描こうとする。そして、『イエス』では、イエスの終末論的な「神の国（＝神の支配）」の宣教の言葉を詳細に検討する。

ブルトマンのイエス研究は、晩年の大著『新約聖書神学』（一九四八年、『ブルトマン著作集』第三、四、五巻、新教出版社、一九六三、六六、八〇年）の第一章で再度取り扱われる。そこではイエスは新約聖書神学そのものの対象としてではなく、前提として位置づけられる。すなわち、ブルトマンの理解によればイエスはユダヤ教の枠内に位置づけられ、イエスをキリストと告知する原始教団の宣教の言葉（ケリュグマ）によってキリスト教が成立するのである。「史的イエスの探究は不可能であり、不適切である」というブルトマンの主張は第二次世界大戦以前のドイツのみならず、世界の新約学の潮流の中で支配的になっていった。

ブルトマンとブルトマン学派によって史的イエスへの探究が断念された「無探究」時代に、ドイツでもいくつかの例外があり、またドイツの神学の影響力があまり及ばなかったイギリスやアメリカの新約学界、ならびにフランスのカトリックの新約学界、ユダヤ人学者の間では、史的イエスの探究が続けられていた。

第一に、ドイツでブルトマンと並ぶ様式史の大家であるM・ディベリウスは、キリスト教以外の史料を評価し、マルコ福音書とQという二つの資料、またそれに至るまでの口碑伝承の資料としての価値を評価して、一九三九年にブルトマンよりも歴史的な『イエス』を出版したが、一九六〇年にW・G・キュンメルが補訂版を出した（新教出版社、一九七三年）。さらに、様式史学派とは立場を異にするJ・エレミアスは、一九三五年に『イエスの聖餐のことば』（日本キリスト教団出版局、一九九九年）、一九四七年に『イエスの譬え』（新教出版社、一九六九年）などの伝承史的研究を出版し、部分的ではあるが史的イエスの言葉伝承を中心にして史的イエスの姿を求めていた。

第二に、イギリスでは、史的イエスの探究が途絶えることはほとんどなかった。二〇世紀初頭に活躍したF・C・バーキット、W・サンデイ、A・ヘッドラムらは、イエス伝承の研究やイエス伝を発表し、英語圏に影響を与えていた。これらの潮流の中から、T・W・マンソンの『イエスの教え』（一九三一年）、C・H・ドッドの『神の国の譬』（一九三五年、日本キリスト教団出版局、一九七〇年）、W・マンソンの『メシア・イエス』（一九四三年、日本キリスト教団出版局、一九七〇年）などが書かれていった（ドイツとイギリスに関して詳しくは、川島貞雄「第八章　ブルトマンの対抗者たちのイエス研究」『イエス研究史』、参照）。

第三に、アメリカでは、S・マシュー（『イエスの社会的教え』、一八九七年、『社会制度についてのイエス』、一九二八年）とS・J・ケイス（『イエスの歴史性』、一九一二年、『イエス――新しい伝記』、一九二七年）らのシカゴ学派によって社会史に重点を置くイエス伝が描かれていった。これはW・ラウシェンブッシュの説く「社会的福音」（『キリスト教と社会的危機』、一九〇七年）という考えと一致し、二〇世紀前半のアメリカ社会に浸透していった。また、一九八〇年代以降に特にアメリカで盛んになる、社会学・社会史・文化人類学などの成果を福音書研究や史的イエスの探究に適用する社会学的アプローチの源流となった。

第四に、フランスのカトリック圏では、ほとんどブルトマンの影響を受けることはなかった。A・M・ラグランジュやA・F・ロアジーなどの福音書の研究は大切であるが、とりわけ重要なのは、研究史、史料、方法論、年代などに半分近く割き、年代順にイエスの生涯を書いた、M・ゴゲルの『イエスの生涯』（一九三二年）である（その他のカトリックの研究については、三好迪「第一〇章　カトリックのイエス研究」、『イエス研究史』、参照）。

第五に、ユダヤ人学者では、J・クラウスナーの『ナザレのイエス』（一九二一年）は、史料、研究史、背景などに半分以上のスペースが割かれ、とりわけユダヤ教の資料を駆使して「ユダヤ人イエス」の側面を的確に描いた。C・G・モンテフィオルは『共観福音書』（一九〇九年）でイエスを預言者として描き、R・アイスラーは『支配しない王イエス』（一九二九、三〇年）で、イエスを革命家として描いた（ユダヤ人研究者については、三好迪「第一一章　ユダヤ教のイエス研究」、『イエス研究史』、参照）。

以上のように、ドイツの神学の影響があまり及ばない国では、史的イエスの探究が行われていたのであるが、「史的イエスの探究は、不可能であり、不適切である」という「無探究」時代を突き破って、史的イエスの「新しい探究」が始まるのは、第二次世界大戦後の二〇世紀の半ばである。ブルトマンの弟子であるブルトマン学派の内側から、師であるブルトマンへの批判として、史的イエスを描こうとする試みが始まるのである。

4 「新しい探求」の時代（二〇世紀半ば）

前節で述べたように、二〇世紀前半の史的イエス探求は、R・ブルトマンの圧倒的な影響の下でドイツ語圏を中心にして停滞してしまった。

この背後にあったのはJ・ヴァイスやA・シュヴァイツァーの影響による徹底した終末論ばかりでなく、史的イエスの探求の土台にあった自由主義神学に対して第二次世界大戦後に台頭した**弁証法神学**であり、共観福音書伝承がイエスに帰されずに原始キリスト教の様々な段階の伝承に帰される、という**様式史研究**の隆盛であった。

ブルトマンは『共観福音書伝承史』（一九二一年、『ブルトマン著作集』第一、二巻、新教出版社一九八三年、一九八七年）で様式史研究を確立して集大成し、『イエス』（一九二六年、未来社、一九七八年、並びに『ブルトマン著作集』第六巻、一九九二年）で原始キリスト教の最古層の言葉伝承によってイエスの思想を描き、『原始キリスト教』（一九四九年、『ブルトマン著作集』第六巻、一九九二年）

と『新約聖書神学』（一九四八年、五一年、『ブルトマン著作集』第三、四、五巻、一九六三年、六六年、八〇年）で、イエスを原始キリスト教の前提である古代ユダヤ教の中に位置付けた。

こうしてブルトマンは、福音書は原始キリスト教の信仰の産物であり、「イエスが来た」という事実以外には、史的イエスについては知ることはできないという立場を堅持した。また、古代の神話的な世界観と表象に基づいたメッセージを「非神話化」することによって、新約聖書の現代的な意味を獲得することができると考えた。

第二次世界大戦後に「史的イエスの無探究時代」を打ち破って「**新しい探求**」が始まったのは、ブルトマン学派の内部からであり、「ポスト・ブルトマン時代」の始まりを意味する。

一九五三年にE・ケーゼマンは「史的イエスの問題」という論文を発表して、ブルトマンの主張を認めながらも、史的イエスの可能性を探求した。ケーゼマンが最も抵抗を感じたのは、ブルトマンがイエスのメッセージをキリスト教の前提として、史的イエスをユダヤ教に位置付けた点である。むしろ、イエスはキリスト教の中心であり、福音書が様式史や編集史によって解明されると同時に、福音書の中に歴史的な要素が含まれることを指摘し、イエスの言葉と原始キリスト教のメッセージとの関連や連続性を指摘した。

さらに、ケーゼマンは「イエス――史的イエス論争の行き詰まり」（『新約神学の起源』、日本キリスト教団出版局、一九七三年所収）の中で、Ｊ・エレミアスの史的イエス探求を自由主義的な「古い探求」とし、ケーゼマンを始めとして、Ｅ・フックス、Ｇ・ボルンカム、Ｊ・Ｍ・ロビンソンらの探求を「新しい探求」に位置付けた。

一九五六年にフックスは、「史的イエスへの問い」という論文の中で、イエスの行為を「宣教の現実の文脈」の中に位置付けて、イエスの言葉ばかりでなく、罪人や徴税人との食事などの行動の中にも、イエスの福音との連続性が見出されることを指摘した。

他方、一九五六年にボルンカムは、ブルトマンの『イエス』以来三〇年ぶりに、ブルトマン学派の中で『ナザレのイエス』（新教出版社、一九六五年）を出版した。その第一部でイエスの生涯を跡付け、第二部でイエスの思想を取り扱い、ブルトマンのようにイエスの言葉によってその思想を把握するばかりでなく、フックスのようにその行為によって言葉の文脈を跡付けて、イエスの思想と生涯を原始キリスト教の宣教の言葉との関連で描いた。

一九五九年にＪ・Ｍ・ロビンソンは『史的イエスの新しい探求』で、イエスの「古い探求」の不当性と不可能性、それに対して「新しい探求」の可能性と正当性を述べ、パレスティナのユダヤ人イエスの背景、洗礼者ヨハネとイエスの関係、「人の子」の称号の探求の意義などを正しく指摘した。

しかし、ブルトマン学派内で史的イエスの「新しい探求」が試みられたにもかかわらず、一九六〇年代以降にそれが展開しなかったのは、彼らがブルトマンと同じく、原始キリスト教の宣教の使信である「**ケリュグマ**」**神学**という実存主義哲学に裏打ちされた神学から解放されていなかったからである。一九八〇年代以降の史的イエスへの「**第三の探求**」は、ブルトマン学派の影響力が衰退した後に、ブルトマン学派とは全く違ったところから始まったのである。

5 無関心時代（二〇世紀後半）

史的イエスへの「新しい探求」が始まった一九五〇年代と「第三の探求」が始まる一九八〇年代以降の間に挟まれた一九六〇、七〇年代は、福音書研究では「**編集史**」の研究が盛んになり、またそれが新約学の研究で支配的になった時代であり、史的イエスへの関心よりは、それぞれの福音書記者の神学的立場への関心が深まっていった。

「編集史」とは、「様式史」が福音書の伝承の最小単位である「断片」（ペリコーペ）の様式に注目して、共観福音書伝承の伝承史的発展の初期段階に遡ろうとするのに対して、共観福音書伝承の最終段階で、伝承素材を集めた福音書記者が「**編集者**」としてそれをどのように取り扱ったかを他の福音書と比較しながら、詳細にまた精緻に検討し、彼らの神学思想を探ろうとする学問的な営みである。

編集史の研究は、ルカ文書（ルカ福音書・使徒言行録）に関するH・コンツェルマン『時の中心』（一九五四年、新教出版社、一九六五年）から始まり、マルコ福音書ではW・マルクセン『福音書記者マルコ』（一九五六年、日本キリスト教団出版局、二〇一〇年）が、マタイ福音書ではG・ボルンカム、M・バルト、H・J・ヘルトの論文集『マタイ福音書における伝承と解釈』（一九六〇年）がそれぞれ代表的な研究書となり、これらの研究に端をなしてそれらに倣って、それ以降おびただしいほどの論文や研究書や注解書が編集史の視点で書かれていった。

しかし、これらの研究者に代表される編集史の研究者はすべて、ブルトマン学派ないしはその影響力の下にあり、「編集史」の研究はブルトマンの時代を画した『共観福音書伝承史』という伝承史的研究の最後の段階について詳細に展開したのである。ブルトマンの遺り残した研究の言わば「落ち穂拾い」をしたのである。編集史の研究に史的イエスへの関心がないのは、結局のところはシュトラウスやヴレーデの史的イエスへの徹底した懐疑を受け継いだブルトマンの精神を、意識的にであれ無意識的にであれ、様式史・編集史という学問的方法論と同時に受け継いだからである。

だが、このように史的イエスへの無関心が支配した時代でも、ブルトマン学派とその影響圏から眼を転ずると探求は続けられていた。**第一**に、イエスのユダヤ人性を指摘したユダヤ人学者のイエス研究である。例えば、D・フルッサー『ユダヤ人イエス』（一九六八年、新教出版社、二〇〇一年）は律法に忠実で敬虔なユダヤ人としてイエスを描き、G・ヴェルメッシュ『ユダヤ人イエス』（一九七三年、日本キリスト教団出版局、一九七九年）はガリラヤのカリスマティカーとして描いた。P・ウィンターは『イエスの裁判について』（一九六一年）で、ドイツ人のJ・ブリンツラー『イエスの裁判』（一九五一年、新教出版社、一九八八年）がイエスの裁判でのユダヤ人の関わりを指摘したことに対して、ユダヤ人の関与と責任がない点を問い質した。

第二に、徹底した懐疑主義の道（ヴレーデ・シュトラーセ）ではなく、徹底した歴史主義の道（シュヴァイツァー・シュトラーセ）を歩み、ユダヤ教との関連を指摘した学者たちのイエス研究である。W・D・デーヴィス『イエスの山上の説教』（一九七三年、教文館、一九九一年）や、イエスと政治との関係、とりわけ熱心党との関係を問うた問題作のS・F・G・ブランドン『イエスと熱心党』（一九六七年）、またそれに答えたO・クルマン『イエスと革命家たち』（一九七〇年、日本キリスト教団出版局、二〇〇六年）、M・ヘンゲル『イエスは革命家であったか』（一九七一年、新教出版社、一九七四年）、E・バンメル、C・F・D・モール編著『イエスとその当時の政治』

（一九八四年）などはその例である。

第三に、新資料の発見によって新たに展開した歴史的研究である。一九四五年にエジプトのナグ・ハマディの修道院近くの墓地で発見された四世紀頃の『ナグ・ハマディ文書』（抄訳、岩波文庫、二〇二二年）の研究が進み、とりわけその中のトマス福音書が一方ではシリアの『ディアテッサロン』との関係で二世紀頃にシリアで書かれた可能性が高いことが明らかにされ、他方ではトマス福音書とQ資料（Q文書）に一部重複が見られることから、両者の関係やそれらと史的イエスの関係が指摘された。また、一九四七年に紀元前一世紀の死海文書が発見され、死海文書を所有していたクムラン教団と洗礼者ヨハネの関係、さらにはクムラン教団と史的イエスの関係が議論された。また、これらの議論は、その後も展開していった。

ブルトマンとブルトマン学派の影響力が次第に衰退すると、これら三つの研究動向と底流では密接に関連するが、それとは別なところで新しい研究の潮流が生まれた。一九八〇年代には「イエスに帰る」関心が再び巻き起こり、「**イエス・ルネサンス**」とも呼ばれる「**第三の探求**」が始まった。これは一九世紀の自由主義的「イエス伝」の時代にも比べられ、さまざまな史的イエス像が提示されてきた。それは現在も続いている。

6 「第三の探求」時代（二〇世紀末〜現在）

一九八〇年代から九〇年代には、「イエス・ルネサンス」とも言われるほど史的イエスの探求が盛んになった。これは一九世紀の自由主義的な「イエス伝の探求」、一九五〇年代から六〇年代にかけてのブルトマン学派の「新しい探求」に続いて、「第三の探求」と呼ばれている。

「第三の探求」は、「第一の探求」のように著者の見解を反映した主観的なものでもなく、「第二の探求」のように、「史的イエス」と「宣教のキリスト」の関係を問う「宣教の言葉」（ケリュグマ）神学に縛られたものでもない。これはかなり幅広い潮流にまたがっているが、それらを一つにくくれば、様式史や編集史という伝承史的研究の影響が衰えたところで、むしろ「ケリュグマ」神学から解放され、再び歴史の中でイエスを把握しようとする試みである。そこでは、一つ一つの断片（ペリコーペ）や文章がイエスに遡るか否かを吟味するのではなく、史的イエスを全体的に把握する傾向がある。これらの背後には「史的イエスを問うことが出来ない」というレッシングの神学的信念にまで遡る、シュトラウス、ヴレーデ、ブルトマンに見られる極端な歴史的懐疑から解放され、緩やかな歴史主義の傾向がある。それには、主に以下の三つの特徴が見られる。

第一の特徴は、一九七〇年代に聖書学に限らず広く人文科学全般で浸透し、特に歴史学で広まってきた社会学・社会史・社会人類学・政治学などによる**社会科学の方法論**の導入である。**第二**の特徴は、クラウスナー、ウィンター、フルッサー、ヴェルメシュなどのユダヤ人イエス研究者が以前から強調してきたイエスの「**ユダヤ人性**」というパレスティナのユダヤ教社会の文脈への位置づけである。**第三**の特徴は、J・ヴァイスとA・シュヴァイツァーの研究により二〇世紀のイエス研究の方向を決定づけてきた「**終末論的イエス**」の再検討である。

第一に、一九七〇年代に**社会学的方法論**を新約学に採用して最も影響を与えたのは、ハイデルベルグ大学のゲルト・タイセンである。タイセンは、最初に論文の中でイエスの思想と運動が第一義的に「神の回復（復権）」であり、最初期のキリスト教は、「イスラエルの回復」を目指したカリスマティカーのイエスとその弟子たちがユダヤ教社会を「渡り歩きながら革新」した「ワンダー・ラディカリズム」であると位置づけた。それを組織的に展開した『イエス運動の社会学』（一九七七年、ヨルダン社、一九八一年）の中で、イエスの「神の国」運動の構造をM・ヴェーバーよりもさらに洗練された現代の社会学的分析を用いて分析した。東京大学名誉教授の荒井献『イエスとその時代』（岩波新書、一九七四年）は、最古層とする伝承にタイセンが用いた社会学的分析を応用した。

社会史的方法論を新約学に導入した中で影響を与えたのは、カッセル総合大学のＬ・ショットロフとアウグスターナ・ホーホシューレのＷ・シュテーゲマンの共著『ナザレのイエス——貧しい者の希望』（一九七八年、日本キリスト教団出版局、一九八九年）である。そこでは、主に最古層のＱ伝承に社会史的解釈を施してイエスがユダヤ教社会の「最貧層」の人々と共に生き、彼らに福音を伝えて解放したことを明らかにした。それは、Ｌ・ショットロフ、Ｗ・シュテーゲマン編著『いと小さき者の神——社会史的聖書解釈・新約篇』（一九七九年、新教出版社、一九八一年）、Ｗ・シュテーゲマン『貧しい人々と福音——社会史的聖書解釈入門』（一九八一年、新教新書、一九八二年）などによって広められた。さらに、この社会史的解釈は、アジア・アフリカ・ラテンアメリカで展開されてきた「解放の神学」とも密接に関連していた。大阪女子大学で長く教えた田川建三『イエスという男』（三一書房、一九八〇年、増補改訂版、作品社、二〇〇四年）も、アフリカでの経験を挟んでこれらとは独立してかなり早い時期に書かれたが、イエスを逆説的反抗者と捉えた上で、パレスティナのユダヤ教社会の政治的・社会経済的構造を社会史的視点で分析した。

タイセン、シュテーゲマンらは、ドイツ語圏から発信して世界的に影響を与えたが、アメリカを中心とする英語圏では、二〇世紀始めの社会福音の実践やシカゴ学派などにより、このような社会科学的方法論を受け入れる素地が既にあった。それはその後に、イェール大学のA・J・マラーブ『初期キリスト教の社会的側面』（一九七七年）、ボストン大学のH・C・キー『初期キリスト教の社会学』（一九八〇年、ヨルダン社、一九八八年）、イェール大学のW・A・ミークス『古代都市のキリスト教』（一九八〇年、ヨルダン社、一九八九年）などによって展開されてきた。

第二に、イエスの「**ユダヤ人性**」を積極的に吟味して多大な影響を与えてきたのは、オクスフォード大学やカナダのマクマスター大学で活躍したE・P・サンダースである。サンダースは、既に『パウロとパレスティナのユダヤ教』（一九七七年）で“covenantal nomism”という概念でパウロの神学思想とパレスティナのユダヤ教の神学思想との連続性を明らかにして英語圏で多大な影響を与えた。それに続いて『イエスとユダヤ教』（一九八五年）では、それまでのドイツ語圏の史的イエス研究が、ルターの「律法」と「福音」を対置する思考法に影響され、イエスをユダヤ教と対置して解釈する傾向があったが、イエスをユダヤ教の文脈に戻して理解する。すなわち、イエスは、最後に神殿を破壊して新しい神殿を建てて「イスラエルの回復」の中心とすることを試みた「徹底した終末論」の預言者に位置づけた。サンダースの史的イエスは、ペンギンブックス版『イエスの歴史像』（一九九五年）によって英語圏で流布されていった。

アメリカ・カトリック大学のJ・P・マイアーは、各巻五百頁以上の膨大な著作『周縁のユダヤ人』（第一巻一九九一年、第二巻一九九四年、第三巻二〇〇一年、第四巻二〇〇九年、第五巻二〇一六年、第六巻未完で逝去）で、シュヴァイツァーの「徹底した終末論」の再来と思われ、サンダースの史的イエスを「問題を引き起こす議論」として、詳細で緻密な包括的議論でそれを修正しようとした。マイアーは社会学的視点から見て当時のユダヤ教社会の中で史的イエスを「周縁の人」に位置づけ、その教えも振る舞いも「周縁の人」であり、イエスがカリスマ的な預言者で、神の国を告知し、奇跡を実際に行なった人であり、ユダヤ教の権力者と対立した人であるとした。

他方、マサチューセッツ大学のR・ホースレイは、『イエスと暴力の連鎖』（一九八七年）と『社会学とイエス運動』（一九八九年）で、パレスティナの社会政治的構造を新たに描き出して、従来の「熱心党」の理解ならびに「熱心党」とイエスの対置的理解を改めて、イエスが、「熱心党」と同様に大多数であった貧者の側に立って、ローマ帝国やヘロデ家の支配による社会政治的抑圧構造に明確に反対したことを明らかにした。しかし、イエスはそのような暴力的な支配構造に対して、上からの改革を迫る熱心党的な政治的改革者ではなく、下からの改革を行なう預言者的・黙示的な社会改革者であったとする。こうして、イエスは暴力の連鎖を断ち切る教えを説くばかりでなく、それを最期まで自ら実践した人として描かれる。

第三に、従来のイエス理解のキー・コンセプトであった「終末論的イエス」に意義を唱えたのは、狭い意味での「**第三の探求**」を推進してきた**ジーザス・セミナー**と密接に関連している。ジーザス・セミナーの生みの親ともいうべきクレアモント大学のJ・M・ロビンソンは、ハーヴァード大学名誉教授のH・ケスターとの共著『初期キリスト教の思想的軌跡』（一九七一年、新教出版社、一九七五年）以来、史的イエス研究でQ文書ならびにトマス福音書の重要性を唱え、また史的イエスが終末論的預言者としてではなく、知恵の教師であると示唆し、それ以後、国際Qプロジェクトを主催してきた。一九八五年にF・W・ファンクによって設立されたジーザス・セミナーは、史的イエス研究の新しい資料としてQ文書とトマス福音書を重視し、また社会学的方法論も重視するが、北アメリカの史的イエス研究に大きな影響を与えた。

「**非終末論的イエス**」で、インパクトを与えたのは、ジーザス・セミナーの共同発起人であるデポール大学名誉教授のD・クロッサン『史的イエス――地中海のユダヤ人貧農民の生涯』（一九九一年）、ならびにそのポピュラー版『イエス――あるユダヤ人貧農の革命的生涯』（一九九四年、新教出版社、一九九八年）である。クロッサンはイエスを地中海地域に共通に見られるユダヤ人の貧農者であると位置づけ、山上の説教の貧しい者への幸い、弟子派遣説教の無一物で旅をする教え、知恵の教師としてのイエスなどに、遍歴の哲学者集団のキュニコス学派との並行関係を見出して議論を引き起こした。さらに、クロッサンは『語られた十字架 ―― 受難物語の起源』（一九八八年）とそのポピュラー版『誰がイエスを殺したのか』（一九九五年、青土社、二〇〇一年）で、受難物語のみで成り立つ二世紀に書かれたペトロ福音書の古層に、共観福音書の受難物語の伝承よりも古い反ユダヤ主義と親ローマ主義に潤色された「十字架の福音」があるという仮説に基づいて、「十字架の福音」を資料として用いた共観福音書の受難物語が反ユダヤ主義に潤色されていると述べ、ここにおいても議論を巻き起こした。

クロッサンよりも早く「非終末論的イエス」を徹底的に主張したのは、同じくジーザス・セミナーに属すオレゴン州立大学のM・J・ボーグである。ボーグは『イエスの教えにおける葛藤、聖性、政治』（一九八四年）と『イエス ―― 新しいヴィジョン』（一九八七年）で、イエスが終末の預言者ではなく、知恵の教師であることを主張した。また、『イエス・ルネサンス ―― 現代アメリカのイエス研究』（一九九四年、教文館、一九九七年）では、「非終末論的イエス」の研究史的位置づけとその意義を包括的に展開した。

さらに、「非終末論的イエス」に拍車をかけたのは、クレアモント大学のB・マックである。マックは『無垢の神話 ―― マルコ福音書とキリスト教の起源』（一九九一年）で、主にマルコ福音書の論争を呼び起こす成立過程を述べたのであるが、その中でイエスを「キュニコス学派の賢者」に位置づけた。同様の見解は、クロッペンボルグら一連のQ研究書と密接に関わるマック『失われた福音書――Q資料と新しいイエス像』（一九九三年、青土社、一九九四年）で、Q文書の古層が預言の書ではなく、知恵の書であることを指摘する。またそこでもキュニコス学派との関連を指摘する。さらに、史的イエスがキュニコス主義者であることを端的に指摘して影響を与えたのは、イギリスのF・G・ダウニング『イエスと自由の脅威』（一九八七年）、同著『キリストとキュニコス主義者』（一九八八年）、同著『キュニコス主義者とキリスト教の起源』（一九九二年）である。

以上、簡単に見てきたように、サンダース、マイアー、ホースレイらに代表される**終末論的・黙示的預言者イエス**とクロッサン、ボーグ、マック、ダウニングらに代表される**非終末論的・キュニコス主義的イエス**が対立している。しかし、「キュニコス主義者イエス」は、シカゴ大学のH・D・ベッツらによって既に批判されている。また、タイセンとA・メルツ共著の大著『史的イエス・一つの教科書』（一九九六年）の表現を用いれば、それらは「ガリラヤの地域色よりも、カリフォルニアの地域色」に染まっている。

日本では大貫隆東京大学名誉教授が最近出版された『イエスという経験』（岩波書店、二〇〇三年＝独訳、二〇〇六年、英訳、二〇〇九年）、『イエスの時』（岩波書店、二〇〇六年）、『イエスの「神の国」のイメージ』(教文館、二〇二一年)という三部作で(『終末論の系譜』筑摩書房、二〇一九年参照)、終末論的・黙示的イエスの内面を「イメージ・ネットワーク」というユニークな概念を用いて大胆に展開している(詳しくは、拙稿「大貫隆『イエスという経験』」『日本の神学』第四三号〔二〇〇四年〕、一四六―一五二頁、ならびに拙稿「イエスの内面を描き出す壮大な試み」『本のひろば』二〇二二年二月号、六―七頁、参照)。

あとがき

本書では、新書版として初めてギリシア語テキストと日本語対訳を見開きで取り入れてみた。また、それぞれの言葉が、Q文書全体の中で、どのような文脈や関連の中で使用されているのかを調べるために、日本語訳のコンコーダンスを巻末につけてみた。コンコーダンスとは、聖書に限らず、ダンテやシェークスピアやゲーテなどの古典作品を理解するために、どの語彙《ごい》がどの作品のどこで使用されているかを調べるのに便利な道具で、辞書のように別建てで存在する。しかし、Q文書で使われている語彙数は、名詞と動詞を中心にして合わせて七百ほどで、本書では最も使用頻度が高い四割の語彙数を占める名詞の日本語訳に絞ってみた。

縦組の「はじめに」・解説文・「あとがき」・主要参考文献に、横組のオリジナル版（ギリシア語）と日本語の対訳に、巻末の「コンコーダンス」という、従来の新書には全く見られない新しい組み方を試みてみた。このような新しい取り組みに対して、ヨベルの皆さんは様々な工夫をしてくださった。改めて心から感謝を申し上げます。また、Q文書の日本語訳の転載を快諾してくださった教文館ならびに同出版部に深く感謝を申し上げます。

さて、本書の課題は、「イエス研究史」の「はじめに」で述べたように、最近になって復元された福音書文学の最古層であるQ文書を用いて「イエス」の思想に、少しでも近づいていくことであった。次の新たな課題は、「イエス」が信仰の対象である「キリスト」にどのような過程を経て変容していくかに少しでも迫ることである。すなわち、「キリスト論」の探求である。しかし、本書で既に見てきたように、Q文書でも最古のキリスト論「来るべき方」「人の子」が主として用いられ、最後に「神の子」キリスト論が付け加えられた。

Q文書は「言葉福音書」としての特徴が見られるが、マルコ福音書を始めとして四福音書は「物語福音書」の性格が強い。すなわち、マルコ福音書は最近の修辞学の視点で見ると、短い簡潔なエピソードを意味する「クレイア」集として描かれている（拙著「クレイア集としてのマルコ福音書一―十三章」『新約学研究』第四七号、二〇一九年、七―一八頁、同「クレイア集としてのマルコ福音書――受難物語・復活物語」『イエスから初期キリスト教へ――新約思想とその展開・青野太潮先生献呈論文集』リトン、二〇一九年、六九―八七頁、参照）。また、マルコ福音書では「神の子」キリスト論が前面に出されている。マタイ福音書とルカ福音書は、Q文書とマルコ福音書を基にして書かれた。そこでは、「来るべき方」「人の子」「神の子」の上に、どのようなキリスト論が展開されていったのだろうか。また、パウロ書簡を始めとして書簡文学では、その後どのようなキリスト論が展開されていき、さらにその後どのようにして、キリスト教の信条が形成されていったのだろうか。

本書の内容の初出は以下の通り。ただし、本書に採用する際に、現時点から見て一部の表記を修正し、新たな内容を若干追記した。コンコーダンスは冒頭で述べたように名詞に絞ったが、その際に分野別表記の配列に、「ユダヤ教・キリスト教に関連する言葉」の項目を新たに設け、それに伴い全体の配列もかなり変更した。

Q文書の文学的・社会学的・神学的特徴　書き下ろし

Q文書のオリジナル（ギリシア語）テキストと日本語訳　拙著『Q文書』、二〇－一四七頁

Q文書の研究史　『敬和学園大学研究紀要』第二三号（二〇一四年）一－一二頁＝拙著『Q文書』、三〇五－三一八頁（注を省略した簡略版）

イエス研究史　敬和学園大学『プニューマ』「研究ノート」第一号（一九九九年）、第二号

（二〇〇〇年）、第三号（二〇〇三年）、第四号（二〇〇三年）、第五号（二〇〇四年）

コンコーダンス　拙著『Q文書』、四〇九―四一八頁の一部

尚、本書を読んで興味と関心を持たれた方は、引き続いて携帯版『Q文書』から卓上版『Q文書』に切り替えて、さらに探求を深めていかれることをお勧めします。

山田耕太

二〇二四年三月　受難日

基本的な参考文献

1　著書・論文

J. S. Kloppenborg, *Formation of Q: Trajectories in Ancient Wisdom Collections,* Philadelphia: Fortress, 1987.

J. S. Kloppenborg, *Excavating Q: The History and Setting of the Sayings Gospel,* Minneapolis: Fortress / Edinburgh: T & T Clark, 2000.

M. Sato, *Q und Prophetie: Studien zur Gattungs- und Traditiongeschichite der Quelle Q,* Tübingen: Mohr Siebeck, 1988.

佐藤研、「第四章　Q文書」木幡藤子・青野太潮編『現代聖書講座第二巻 聖書学の方法と諸問題』日本キリスト教団出版局、一九九六年、二七六－二九七頁。

D. Catchpole, *The Quest for Q,* Edinburgh: T & T Clark, 1993.

C. M. Tuckett, *Q and the History of Early Christianity: Studies on Q, Edinburgh,* T & T Clark, 1996.

C. M. Tuckett, *From the Sayings to the Gospels,* Tübingen: Mohr Siebeck, 2014.

J. Schröter, *Jesus und die Anfänge der Christologie*, Neukirchen-Vluyn: Neukirchener Verlag, 2001.

山田耕太、『Q文書——訳文とテキスト・注解・修辞学的研究』教文館、二〇一八年。

2　論文集

J. S. Kloppenborg (ed.), *Conflict and Invention: Literary, Rhetorical, and Social Studies on the Sayings Gospel Q*, Valley Forge: Trinity Press International, 1995.

R. A. Piper (ed.), *The Gospel behind the Gospels: Current Studies on Q*, Leiden: E. J. Brill, 1995.

A. Lindemann (ed.), *The Sayings Source Q and the Historical Jesus* (BETL 158), Leuven: Leuven University Press, 2001.

3　Qテキストの再構成

J. M. Robinson, P. Hoffmann & J. S. Kloppenborg, *The Critical Edition of Q: Synopsis Including the Gospels of Matthew and Luke, Mark and Thomas, with English, German and French Translations of Q and Thomas*, Leuven: Peeters/ Minneapolis: Fortress, 2000.

F. Neirynck, "The Reconstruction of Q and IQP / the Critical Edition Parallels," A. Lindemann (ed.),

The Sayings Source Q and the Historical Jesus, Leuven: Leuven University Press, 2001, pp.53-147.
P. Hoffmann & C. Heil, *Die Spruchquelle Q: Studienausgabe Griechisch und Deutsch*, Darmstadt Wissenschaftliche Buchsgesellschaft/Leuven: Peeters Publishers, 2002.

4　トマス福音書とQ

C. M. Tuckett, *Nag Hammadi and the Gospel Tradition*, Edinburgh: T. & T. Clark, 1986.
荒井献、『トマスによる福音書』、講談社学術文庫、一九九四年。
（より詳細な参考文献表は、拙著『Q文書』、四二八―四五三頁、参照）

屋根　7:6、12:3
やり方（方法）　13:34
夕方　12:54
指　11:20、46
ランプ　11:33、34
ランプ台　11:33
利子　19:23
炉　12:28
悪口　6:22

斧　3:9
思惑　11:17
隠れた所　11:33
髪の毛　12:7
体　11:34（3 回）、12:4、5、22、23
着物　12:23、26
今日　11:3、12:28、55
銀行　19:23
口　6:45
国・国々　4:5、11:17、18
首　17:2
倉　3:17、6:45（2 回）、12:24
剣　12:51
権威　7:8
心　6:45、12:34、45
ごみ捨て場　14:35
小麦粉　13:21
小屋（粉挽き）　17:35
財布　10:4
杯・皿　11:39、41
履物（サンダル）　3:16, 10:4
塩　14:34（2 回）
死者　7:22、9:60（2 回）
死体　17:37
収穫　10:2（3 回）
周辺地方　3:3
巣　9:58、13:18
頭陀袋　10:4
全体　11:34（2 回）、13:21
備え・準備　12:40、14:17
倒れ方　6:49

木・樹木　3:9（2回）、6:43（2回）、44、13:19、17:6

草　12:28

穀物（小麦）　3:17

根　3:9、17:6

野の花　12:27

ぶどう　6:44

実　3:8、9、6:43（2回）、44

ミント・イノンド・クミン　11:42

（天候）

悪天候（冬のように）　12:55

雨　6:35、48、49

稲妻　17:24

風　6:48、49、7:24

洪水　17:27

好天　12:54

空模様　12:56

太陽　6:35

光・闇　11:34, 35、12:3、13:28

（自然・地形・方位）

穴、巣穴　6:39、9:58、12:33、39

荒野　4:1、7:24、17:23

石　3:8、4:3、11、11:11、13:34

岩　6:48（2回）

川（ワジ）　6:48、49

砂　6:49

地・地面・地上　10:21、11:31、12:6、49、51、14:35、16:17、19:21

天・ 空　6:23、9:58、10:15、21、11:13、12:33、56、13:19、16:17、17:24（2回）

二人　16:13、17:34、35
兵士　7:8
息子・娘　11:19、12:53、14:26
盲人　6:39（2 回）、7:22
嫁 / 姑　12:53
らい病人　7:22
両者　6:39

【普通名詞・自然界】

（動物）

狼　10:3
カラス　12:24
狐　9:58
魚　11:12
雀　12:6、7
鳥　9:58、12:24、13:19
はげ鷹　17:37
羊　10:3、15:4
ひな　13:34
蛇　11:12
蝮（まむし）　3:7
虫　12:33
めん鳥　13:34

（植物）

アザミ　6:44
葦　7:24
いちぢく　6:44
茨　6:44
枝　13:19
からし種　13:19、17:6

死者　7:22、9:60（2回）

支配者　11:15

僕（奴隷）　7:8、12:42、43、45（2回）、46、14:17、21（2回）、19:13、15、17、19、20、22

主人　12;39、42、43、45、46、13:25、14:21、16:13、19:15

「主よ」　19:16、18、20

末裔　3:7

善人/悪人　6:35

大食漢/大酒飲み　7:34

知恵ある人　11:49

知性ある人　10:21

父（人間）　9:59、12:53、14:26

父（複数形＝父祖）　3:8、11:47、48

徴税人　6:32、7:34

使い　7:27

敵　6:27

盗人　12:33、39

友　7:34

仲間の僕（奴隷）　12:45

働き人　10:2（2回）、7

母/娘　12:53、14:26

人・人間　4:4、6:45（2回）、48、7:8、25、11:24、26、46、52、12:8、9、19:21

人々・人　6:20、21（2回）、22、28、7:9、22、25、32、10:9、11:13、15、16、30、33、44、49、52、12:4、8、9、10（2回）、12:42、58、13:19、24、27、28、14:16、17、21、26（2回）、27、33（2回）、(35)、16:18（2回）、17:1、2、19:24、26（2回）、22:28

一人・一日、他　12:6、12、25、27、15:4、7、16:17、17:2、4、34（2回）、35（2回）、19:20

百人隊長　7:3、6

【普通名詞・人】

上席　11:43
しるし　11:16、29（3回）、30
信仰　7:9、11:42、12:28、17:6
神殿　4:9
世界　4:5、11:50
宣教　11:32
創造　11:50
魂　12:4、5
血　11:50（2回）、51（2回）
知恵　7:35、11:31、49（2回）
力　10:13、16:16（2回）
忠実　12:42、19:17、19
躓き　17:1
罪人・罪　7:34、17:3、4
弟子　6:20、40（2回）、7:18、10:2、14:26（2回）、27
天と地　10:21、16:17
貪欲　11:39
ファリサイ派の人々　11:39、42、43、44
負債　11:4（2回）
不法　13:27
平和　10:5、6（3回）、12:51（2回）
放縦　11:39
律法　16:16、17
律法学者　11:46、52
預言者　6:23、7:26（2回）、10:24、11:47、49、50、13:34、16:16

【固有名詞】

アブラハム　3:8（2回）、13:28
アベル　11:51
イエス　4:1、4、8、12、7:9、9:58　（6:20、7:22、9:57、10:2、

【ユダヤ教・キリスト教に関連する言葉】

Q コンコーダンス（名詞のみ）

【神・悪魔に関する言葉】

神　3:8、4:8、12、11:20、12:24、28、16:13

神の国　6:20、7:28、10:9、11:20、52、12:31、13:18、20、28、16:16、17:20（2 回）、21

「神の子」　4:3、9

「来たるべき方」　3:16、7:19、13:35

「主」　6:46（2 回）、7:6、9:59、10:2、21、13:25、35

「父の子」　6:35

「人の子」　6:22、7:34、9:58、11:30、12:8、10、40、17:24、26、30

「御子」　10:22（3 回）

「主なる神」　4:8、12

父（神）　6:35、36、10:21（2 回）、22（3 回）、11:2、13、12:6、12:30

御怒り（神の怒り）　3:7

御国　（神の国）　11:2

御心（神の心）　10:21

御名（神の名）　11:2、13:35

天使　4:10、12:8、9

霊（聖なる）　3:16、4:1、12:10、12

悪魔　4:2、3、5、9、13

悪霊　7:33、11:14（2 回）、15（2 回）、19、20

汚れた霊　11:24

七つの霊　11:26

ゲヘナ　12:5

サタン　11:18

ベルゼブル　11:15、19

ハデス　10:15

山田耕太（やまだ・こうた）

1950 年：東京都生まれ。1976 年：千葉大学教育学部卒業。1979 年：国際基督教大学比較文化研究科博士前期課程 修了（文学修士）。1986 年：ダラム大学神学部博士課程修了（Ph.D.)。1991 年：敬和学園大学人文学部助教授。1995 年：同大学教授。2007 年：同大学学長補佐。2009 年：同大学副学長。2015 ～ 2023 年：同大学学長。2021 年より日本新約学会会長。

主な著書（単著）

『ダラム便り あるイギリス留学記』（すぐ書房）1985,『新約聖書と修辞学』（キリスト教図書出版）2008,『新約聖書の礼拝』（日本キリスト教団出版局）2008,『フィロンと新約聖書の修辞学』（新教出版社）2012,『Q 文書 : 訳文とテキスト・注解・修辞学的研究』（教文館）2018.『NTJ 新約聖書注解　エフェソ書簡』日本キリスト教団出版局 2022。

共著（共同執筆）

『現代聖書講座』第 2 巻（日本キリスト教団出版局）1996, *Rhetoric, Scripture and Theology*, Sheffield: Sheffield Academic Press, UK, 1996,『イエス研究史』（日本キリスト教団出版局）1998, *Rhetorical Interpretation of Scripture*, Sheffield: Sheffield Academic Press, 1998, ,『新共同訳 新約聖書略解』（日本キリスト教団出版局）2000,『新版 総説新約聖書』（日本キリスト教団出版局）2003,『新共同訳 聖書辞典』（日本キリスト教団出版局）2004,『聖書学用語辞典』（日本キリスト教団出版局）2008,『経験としての聖書』（日本聖書学研究所）2009, *From Rome to Beijing: Symposia on Robert Jewett's Commentary on Romans,* Lincoln, NE: Prairie Muse. USA 2013,『聖書的宗教とその周辺』（リトン）2014,『イエスから初期キリスト教へ』（リトン）2019。

訳書

ジェームズ・D. G. ダン『新約学の新しい視点』（すぐ書房）1986, 他多数。

ヨベル新書 095

携帯版　Q文書

2024年5月1日 初版発行

著　者 ── 山田耕太

発行者 ── 安田正人

発行所 ── 株式会社ヨベル　YOBEL, Inc.

〒 113-0033 東京都文京区本郷 4-1-1-5F
TEL03-3818-4851　FAX03-3818-4858
e-mail：info@yobel. co. jp

印刷 ── 中央精版印刷株式会社

装幀 ── ロゴスデザイン：長尾 優

配給元—日本キリスト教書販売株式会社（日キ販）

〒 162 - 0814　東京都新宿区新小川町 9 -1
振替 00130-3-60976　Tel 03-3260-5670

　ISBN978-4-911054-19-2 C0216

ヨベルの既刊書（税込）　お求めは https://yobel.co.jp まで

大貫 隆　ヨハネ福音書解釈の根本問題
——ブルトマン学派とガダマーを読む

ISBN978-4-909871-72-5

復活前と現在の「地平」が「融合」するヨハネ福音書の重層構造を解明！　錚々《そうそう》たる聖書学の権威による解釈で完全に見落とされてきた、イエスの全時性とヨハネ共同体に吹き渡っていた聖霊の息吹への気づきだった。

四六判上製・２４０頁・１９８０円

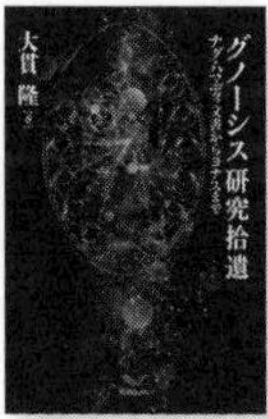

大貫 隆　グノーシス研究拾遺——ナグ・ハマディ文書からヨナスまで

グノーシス主義探究は新約研究にとって不可欠・不可分の関係にあるとの信念から日本のグノーシス研究を長く牽引してきた著者が、ナグ・ハマディ文書の全体像からヨナスまでを改めてつぶさに逍遥し、グノーシス研究の道行きに散りばめられていた智の欠片を拾い集めた待望の書。

四六判上製・３６８頁・２７５０円　ISBN978-4-909871-88-6 C0016

大貫 隆　原始キリスト教の「贖罪信仰」の起源と変容

イエスは人類の罪を贖うため身代わりとなって神に裁かれ十字架で死なれた——この〝贖罪〟を「キリスト教信仰の要諦」とする考えは、何を、何処を起源とし、いかなるプロセスを経て変容・発展・定着してきたのか——。神概念と共に、今なお謎に満ち、議論の渦中にある贖罪信仰の核心に迫り、キリスト教の再構築を静かに促す。

四六判上製・３０４頁・２２００円　ISBN978-4-909871-94-7 C0016

ヨベルの既刊書（税込）　お求めは https://yobel.co.jp まで

青野太潮　どう読むか、新約聖書――福音の中心を求めて

「青野先生はキリスト教の『常識』にいつも挑戦されているのですね」と言われることがあります。しかし私が挑戦しているのはむしろ、新約聖書学の「常識」を日常のキリスト教信仰のなかに取り入れたい、ということです。（本文より）

4版　新書判・240頁・1210円　ISBN978-4-909871-31-2 C0216

青野太潮　どう読むか、聖書の「難解な箇所」

――「聖書の真実」を探究する

「大いに疑問を持つ」探求者に、聖書は真実の姿を明かし始める。訳語、解釈の如何によって天地が入れ替わるほど真逆の結論に導かれてしまう。互いに矛盾し合う場面に満ちてもいる。この難解な聖書とどう向き合えばよいのか。正典として信仰を培うとはいかなることか。正面から挑んだ！

ISBN978-4-909871-79-4 C0216

3版　新書判・288頁・1320円

山口里子　マルコ福音書をジックリと読む

――そして拓かれる未来の道へ　聖書を原語で読み、時代背景を学ぶ。古代エリート男性の父権制的な価値観が、福音書著者たちも浸み込みつつ抵抗もして編集。現代の私たちはそれをどう読むか――。この難問に、公開講座の仲間たちとともに学び、様々な人生経験と豊かな思いを分かち合う――。マルコ福音書読解の希有な情報共有！

A5判・328頁・定価2750円　ISBN978-4-909871-83-1 C0016

天上への道は良心のそれである　M・ルター

金子晴勇　「良心」の天路歴程

――隠れたアンテナ効果とは?

斎藤佑史氏・評

霊性と言われても、宗教学の専門家はともかく、一般の読者にはその概念をすぐに思い浮かべることが難しい言葉ではなかろうか。本書はそのなじみの薄い言葉について長年マルティン・ルターを中心にキリスト教思想史研究に力を注いできた碩学の著者が、良心というキーワードで、一般の読者にもわかるように東西古今の古典と言われる宗教、哲学、文学作品を取り上げ読み解きながら、霊性の理解に資することを試みた書である。……本書は、恥の問題は、何も日本だけではなく、欧米にもあると言って比較検討し、公恥、自恥、羞恥の恥の三形態を説明した後で本論とも言うべき良心の現象について詳述することになる。

……ルターの良心理解と漱石の『こころ』の問題を中心に展開されるのである。本書ではその他、良心概念の多義性と統一性などを含め、良心の問題がさらに幅広く考察、紹介されているが、いずれもよくまとめられていて、良心で読み解かれた霊性というものが明らかにされている。霊性の日本と西洋との違い、比較宗教思想史に関心ある人にはぜひ一読を勧めたい書である。

（『本のひろば』２０２４年５月号）

四六判上製・２９６頁・１９８０円　978-4-909871-97-8 C0016

ヨベルの既刊書（税込）　お求めは https://yobel.co.jp まで

【刊行開始】ドイツ敬虔主義著作集（全10巻）

［責任編者］金子晴勇

日本では啓蒙主義の思想家ばかりが偏重され、それらと対決する**敬虔主義の思想**が全く無視されてきた。そこで敬虔主義の思想家の中から**主な作品**を翻訳し、最終巻にはその思想特質の研究によって、現代的意義を解明すべく試みたい。17世紀の後半のドイツに起こった**敬虔主義**は**信仰覚醒運動**であって、その発端は、ルター派教会が次第に形骸化し内的な生命力を喪失し、信仰が衰えたとき、原始キリスト教の愛と単純と力をもって道徳的な「完全」をめざすことによって起こった。この運動はルターの信仰を絶えず導きとして正統な教会の教えにとどまりながら、その教えの中心を「再生」に置いて、新しい創造・新しい被造物・新しい人間・内的な隠れた心情・神の子としての道徳的な完成などをめざして展開した。（刊行のことばより）

① シュペーナー『敬虔なる願望』佐藤貴史、金子晴勇訳
② シュペーナー『新しい人間』山下和也訳
③ シュペーナー『再生』金子晴勇訳
④ フランケ『回心の開始と継続』菱刈晃夫訳
⑤ ベンゲル『グノーモン』ほか　若松功一郎訳
⑥ ツィンツェンドルフ『福音的真理』金子晴勇訳
⑦ エーティンガー『自伝』ほか喜多村得也訳
❽ エーティンガー『聖なる哲学』喜多村得也訳（既刊）2200円
⑨ テルステーゲン『真理の道』金子晴勇訳
⑩ ドイツ敬虔主義の研究

巻によって価格は変更されます。　四六判上製・予価2200円（税込）